아이들은
죄가
없습니다

아이들은 죄가 없습니다

초판발행일 | 2025년 5월 5일

지 은 이 | 최승호
펴 낸 이 | 배수현
디 자 인 | 천현정
제   작 | 송재호
홍   보 | 배예영
물   류 | 이슬기
문   의 | 안미경

펴 낸 곳 | 가나북스 www.gnbooks.co.kr
출 판 등 록 | 제393-2009-000012호
전   화 | 031) 959-8833(代)
팩   스 | 031) 959-8834

ISBN 979-11-6446-125-7 (03330)

※ 가격은 뒤표지에 있습니다.
※ 잘못된 책은 구입하신 곳에서 교환해 드립니다.

현직 경찰관이 전하는

아이들은 죄가 없습니다

최승호 지음

가나북스

⋮

「아이들은 죄가 없습니다」는

'아이들은 정말 죄가 없습니다.'와

'어른들의 따뜻한 정(情)과 말(言)로

죄 없는 아이들로 성장할 수 있습니다.'라는

희망의 메시지를 전하고자 합니다.

프롤로그

나는 오랫동안 학교폭력과 청소년 범죄 예방에 대한 책을 쓰고 싶었다. 하지만 바쁜 일상 속에서 '언젠가 써야지'라고 생각만 한 지 벌써 3년이 넘었다. 2015년 9월 학교전담경찰관(School Police Officer) 경력경쟁채용 1기로 입직하여 20대 후반부터 30대 중반까지 8년 4개월 간 1,000명이 넘는 위기청소년들과 보호자를 만났다. 이 기간 동안 경찰청 베스트 학교전담경찰관(2회)으로 선정되었고, 3계급 특별승진을 달성했다. 학교전담경찰관으로서 최선을 다했다고 자신 있게 말할 수 있다. 하지만 내가 간절히 바라던 학교폭력 감소는 여전히 요원하다. 오히려 점점 더 진화하고 있다.

8년 넘게 학교전담경찰관 업무를 하며 느낀 점은 '나 혼자서는 아이를 바꿀 수 없다.'는 점이다. 20대 후반, 업무용 휴대폰이 지급되지 않아 오로지 개인 휴대폰으로 아이들과 보호자들에게 연락했다. 늦은 밤까지 상담을 하며 문제 해결에 최선을 다했다. 그 결과로 112, 117센터에 상담 및 신고를 해야 할 상황에서 모두 개인 전화번호로 연락이 왔다. 당시에는 퇴근 후에도 아이들과 페이스북 메신저, 카카오톡, 전화 통화를 하며 시간을 보냈다. 또한, 늦은 밤 혹은 새벽 시간에 부친에게 혼나고 집을 나간 중학교 2학년 여학생을 수소문하여 찾아내어 안전하게 귀가시킨 기억도 있다. 지금 생각하면 아찔하다. 신임 순경으로 조직 내 보고체계도 잘 몰랐고, 본능적으로 '이게 맞다.' 싶으면 그렇게 했었다.

2025년 1월 1일 현재 한 여자의 남편이자, 두 아이의 아빠이고, 학교전담경찰관 1기로 수년 간 활동했으며, 인천가정법원 위탁보호위원 활동 등을 하고 있다. 엊그제에는 첫째 아들의 초등학교 취학통지서를 받았다. 미혼 학교전담경찰관으로 시작해서 이제는 어엿한 학부모 학교전담경찰관이 된 셈이다. 학교전담경찰관 업무를 하면서 내가 만났던 보호자들에게 하소연도 해보고, 큰소리도 쳐봤다.

2018년 10월 첫째를 출산하고 육아를 하며, 가정 안팎으로 24시간 내내 아이들과 소통하였다. 이 책은 10대 청소년들이 아닌, 청소년을 키우는 부모님들이 읽어주길 바란다. 특히, 초등학교 입학을 앞둔 자녀를 양육하는 학부모님들에게 꼭 도움이 되길 희망한다. 국어, 영어, 수학 등 교과목 성적 향상도 중요하다. 하지만, 아무리 자녀의 학업 성적이 좋고 성인이 되어 원하는 직업을 얻었다 하더라도 10대 청소년기에 학교폭력 가·피해 경험 혹은 범죄 전력이 있으면 무슨 소용이 있겠는가?

이 책을 통해 대한민국 모든 부모님들이 다시 한 번 생각해 보길 바란다. '아이들은 죄가 없다. 어른들이 더 많은 관심을 기울이고, 신경을 써야 한다.' 이 책이 그런 변화를 만드는 작은 계기가 되길 간절히 소망한다.

이 책이 나오기까지 오랜 시간이 걸렸다. 순경 시절부터 청소년들의 올바른 성장을 위해 평일 저녁, 휴일에도 언제든지 도움을 준 문안나 선생님, 천연옥 선생님에게 깊은 감사의 말을 전한다. 조직 내에서는 늘 학교폭력 예방 및 위기청소년 선도 활동에 있어 길을 제시해 준 정화영 경감, 업무적으로 고민 많던 시기에 응원과 지지를 해준 허점화 경위, 머릿속으로 생각만 하던 것들을 실천해 옮겨 결국 책 출간까지 도움을 준 김미영 경위에게 큰 감사함을 전한다. 학교전담경찰관 업무는 개인 활동이 아닌 함께했을 때 빛을 발휘하는데 'One Team'을 느끼게 해준 박준영 경사, 조성민 경사, 유영선 경장에게도 깊은 감사함을 전한다.

마지막으로 학교전담경찰관 업무를 하면서 퇴근 후에도 청소년들과 수시로 연락을 주고받고, 대면 면담도 기꺼이 이해를 해주고, 두 아이 육아에도 힘든 내색 없는 아내 김정미에게 정말 고맙고, 사랑한다고 전한다. 사랑하는 아들 가온이, 딸 라온이를 포함하여 대한민국 모든 청소년들이 학교폭력 없는 안전하고 즐거운 학교생활을 했으면 하는 바람으로 시작한다.

아이들은 죄가 없습니다.

최승호

[차 례]

프롤로그 ——————————————————————— 7

1. 아이들은 죄가 없습니다. 그렇다면 ——— 13

- 경찰관님, 결혼해봤어요? 아이는요? · 14
- 최 순경! 어디야? · 18
- 절대로 때리지 마세요 · 23
- 우리 아이 좀 찾아주세요 · 29
- 우범소년 송치 부탁드려요 · 34
- 카카오톡 말고 'M' 확인하세요 · 44
- 가정 내 동반 흡연 문화 · 56
- 라떼는 말이에요 · 62

2. 아이들은 죄가 없습니다. 자세하게 ——— 71

- 학교폭력, 엄연한 범죄 행위 · 72
- 학교폭력 사안 처리 절차 · 79
- '학폭위'라고 무조건 단정 짓지 마세요 · 86
- 무슨 '학폭위'가 이래 · 92
- 학교폭력 등 범죄예방교육 · 97
- 학교폭력 실태조사 · 104
- 사랑하는 엄마랑, 줄여서 '사랑' · 111
- 가정법원 위탁보호위원 · 115

3. 아이들은 죄가 없습니다. 끊임없이 ——— 123

- '내장남폭'·124
- 아파트 아파트, 아파트 아지트·131
- 거짓말쟁이 그리고 거짓말장인·137
- 빛나는 아이들·142
- 아빠를 닮은 것 같아요·148
- 엄마의 든든한 남자친구·151
- 삼촌이었으면 좋겠어요·156
- 그 누구의 편도, 팬도 아닙니다·162

4. 아이들은 죄가 없습니다. 정말로 ——— 169

- 기다림의 미학·170
- 소년범은 괴물이 아니다·173
- 한 아이를 키우려면 온 마음이 필요하다·178
- '폭력'은 피해자의 입장에서·183
- 거창할 필요 없는 부모 교육·190
- 뭐든 처음이 어렵다·196
- 스위트 홈 (Sweat Home)·202
- 학교전담경찰관은 미드필더·210

에필로그 ——— 217

1장
아이들은 죄가 없습니다.
그렇다면

- 경찰관님, 결혼해봤어요? 아이는요?
- 최 순경! 어디야?
- 절대로 때리지 마세요
- 우리 아이 좀 찾아주세요
- 우범소년 송치 부탁드려요
- 카카오톡 말고 'M' 확인하세요
- 가정 내 동반 흡연 문화
- 라떼는 말이에요

경찰관님, 결혼해봤어요? 아이는요?

2015년 9월, 내가 처음 만난 학부모를 잊을 수가 없다. 학교전담 경찰관으로서 업무를 시작하자마자 만난 첫 번째 학부모였기 때문에 잊지 못하는 것이 아니다. 이 학부모는 지금 만나도 잊을 수 없을 것 같다. 당시 초등학교 4학년 남학생인 성준(가명)이의 어머니였다. 상대 학생이 먼저 성준에게 "돼지 뚱땡이 자식"이라고 도발했다. 성준이는 참고 또 참았다. 하지만 결국 성준이가 폭발하여 상대 학생을 폭행했다는 진술이 있었다. 모친 또한 통화중 점점 흥분하며 폭발 직전의 상태에 이르렀던 기억이 있다. 나는 모친을 진정시키고 진술을 자세히 들어보았다. 예전부터 상대 학생이 성준의 이름을 아주 큰 소리로 부르거나 성준이의 체형을 놀렸다는 진술이 있었다. 이에 화가 난 성준이는 자신의 스마트폰을 던지고, 심한 욕설과 함께 폭행까지 저질렀다고 한 것이다. 모친은 정확히 같은 진술을 두 번 반복했다. 그러다 갑자기 가만히 듣고 있던 나에게

모친 경찰관님, 결혼해 보셨나요? 아이를 키워본 적이 있으신가요? 아이들을 기르는 것이 생각보다 쉽지 않아요. 저는 3남매의 엄마입니다. 예전에는 아이들이 서로 싸우면서 자랐어요. 다 아시잖아요?

어머님의 말도 어느 정도는 맞다. 1990년대 후반, 2000년대 초반 학창시절에는 '학교폭력'이라는 용어 자체가 없었다. 어머님의 진

술이 너무 당당해서 하마터면 '예, 어머님 말씀이 맞습니다.'라고 대답할 뻔 했다. 하지만 어떠한 형태로든 폭력은 절대 정당화될 수 없다.

> **SPO** 어머님, 예전하고 많이 달라졌습니다. 예전처럼 아이들끼리 싸우고, 학교 학생부에서 부모님 소환해서 화해하는 시대가 아닙니다. 상대방에게 신체적, 정신적, 재산적 피해를 입히면 '학교폭력'입니다.

> **모친** 예, 두고 보세요. 혹시 소속, 이름이 어떻게 되세요? 셋째가 내년에 초등학교 입학하는데 또 뵙죠.

> **SPO** 계양경찰서 여성청소년과 학교전담경찰관 최승호 순경입니다.

> **모친** (통화 뚝)

당시 학교폭력 사안에 대해서는 교내에서 학폭위(현재는 교육지원청 내에서 학교폭력대책심의위원회가 개최된다.)가 개최되어 가해학생 대상 선도 조치, 피해학생 대상 보호 조치 후 종결하였다.

그로부터 정확히 3년이 흘러 전화가 왔다. 내가 처음 만났던 학부모이기도 하고, 결혼 유무, 자식 유무에 대해 묻는 등 잊을 수 없는 특유의 억양과 목소리, 단어 선택이었기에 전화를 받자마자 3년 전

느낌이 그대로 전해졌다. 일단 모른 척하고 친절하게 전화를 받았다.

모친 ○○초 3학년 학부모인데요. 학교에서 억울한 일이 있어서 전화를 드렸어요.(사안 생략...)

자녀가 학교에서 친구와 말다툼을 하다가 상대 아이가 먼저 욕을 해서 자녀도 욕설과 함께 어깨를 밀치고, 발로 찼는데 학교폭력 가해학생으로 신고를 당해 억울하다는 진술이었다.

SPO 어머님, 상대 학생이 먼저 욕을 한 것은 자녀가 억울할 수 있는데 학교폭력 사안 접수가 됐다고 해서 무조건 가해학생, 피해학생이 되는 것은 아닙니다. 어머님께서 말씀하신대로 자녀가 상대 학생의 어깨를 밀치고, 발로 찬 행위는 '학교폭력'이 맞습니다.

모친 학교랑 똑같이 말씀하시네요. 맨날 우리 아이들만 죄인 만들고, 해주는 건 아무 것도 없고, 경찰관님 결혼은 하셨어요? 아이 키워봤어요?

드디어 올 것이 왔다. 기다렸다는 듯이

SPO (누구보다 자신 있게) 예, 어머님 저 결혼도 했고, 아이도 있습니다. 어머님하고 같은 위치입니다.

※ 2018년 10월 첫째 출산, 통화 당시는 2018년 11월 중순경.

이 어머님에게 대응하려고 타이밍에 맞춰 결혼한 것도 아니고, 아이를 출산한 것도 아닌데 마침 타이밍이 기가 막혔다.

모친 아니, 목소리가 젊으셔서요.

SPO (치고 나가보자) 어머님, 3년 전에 통화했던 학교전담경찰관입니다. 먼저 학교에서 사안 조사 하는 기간 동안에는 관련학생 간 접촉하지 마시고, 기다려주세요. 제가 알아봐 드릴게요. 다른 문의 사항 있으시면 제 업무용 전화로 언제든지 연락주세요.

모친 예, 경찰관님 감사합니다.

당시 사안은 관련학생 간 화해로 종결되었다.

8년 넘게 학교전담경찰관(School Police Officer) 업무를 하면서 확실하게 말할 수 있는 점이 있다. 학교폭력 사안이 발생했을 때, 어떤 학교전담경찰관을 만나느냐에 따라 향후 관련학생 간 관계 회복, 보복 행위 등 재범 방지 측면에서 차이가 난다는 점이다. 심지어 부모와 자녀 간 관계 회복도 가능하다. SPO는 전문상담사도 아니고, 학교 교사도 아니지만 말이다. SPO의 활동에 따라 이미 발생한 학교폭력 사안 자체를 무마시킨다는 것이 아니다. 이미 발생한 학교폭력 사안에 대해 합당한 조치를 취하고, 향후 재범 방지 등 학교폭력 예방에 집중한다는 말이다.

SPO의 업무는 크게 학교폭력 예방과 위기청소년 선도 및 보호이다. 먼저, 학교폭력 예방 업무에는 학생 및 교직원 대상 학교폭력 등 범죄 예방 교육 실시, 등·하굣길 캠페인, 청소년 비행 지역 순찰 등이 있다. 위기청소년 선도 및 보호 업무에는 선도심사위원회, 전문가 참여제, 선도프로그램, 회복적 경찰활동, 우범소년 송치, 학교 밖 청소년 발굴, 학교폭력대책심의위원회(이하 '학폭위') 위원 참석 등이 있는데 SPO의 자세한 업무는 뒤에서 다루기로 한다.

최 순경! 지금 어디야!?

2016년 초등학교 내 집단따돌림 사안이 발생했다. 운동동아리 5~6학년 14명이 6학년 1명을 대상으로 지속적인 욕설 행위와 무시하는 발언에 더해 당시 유행이었던 '패드립'까지 했던 사안이다. 여기서 끝이 아니다. 14명 중 주동자 2명이 교실에 있던 가위를 들고 피해 학생의 배에 대고 찌르지는 않았지만 가위로 위협적인 행동을 했다. 당시 피해 학생도 정확하게 가위에 찔리지는 않았다고 진술했다.

도대체 어린 나이의 초등학생들이 집단으로 무리를 이뤄 1명을 집중적으로 괴롭힌 이유가 몹시 궁금했다. 아이들의 진술을 정리해 보니, 다함께 운동하기 위해 지방 전지훈련, 합숙 훈련 등이 있었는데 피해 학생 측 보호자만 맞벌이로 생계를 유지하고 있어서 지방 훈련에 동행하지 못했다는 진술이다. 결론은 피해 학생의 보호자가 지방 훈련에 동행하지 못해서 아이들이 피해 학생을 집단으로 괴롭혔다는 것이다.

우리 어른들도 살면서 누군가 싫어지거나 소위 정이 떨어진 상대방을 어쩔 수 없이 마주해야할 때가 있다. 그때부터는 상대방의 단점만 보이고 어떻게든 단점부터 찾는다. 물론 이번 사안을 더 자세히 들여다보면, 피해 측 부모의 맞벌이 사유 하나만으로 아이들이 괴롭힌 것은 아니었다. 피해 학생도 무리 내에서 또래, 후배들에게 했던 장난스런 행동들이 쌓이고 쌓였던 것이다.

당시 이 집단 사안을 중한 사안으로 판단하여 학교 측과 전수조사 실시 및 학교폭력 등 범죄예방 교육 일정을 조율하였다. 교실에 들어선 순간, 내가 알던 초등학교 분위기와는 조금 달랐다. 한 공간 내에서 아이들의 억울함, 분노, 짜증이 모두 느껴졌다. '그래도 아직 초등학생이다.'라는 희망을 가지고 예방 교육을 시작했다. 마침, 교탁에 가위가 있었다. 아이들이 실제로 가위로 찌르지는 않았지만 이번 사안 중 가위 관련 사안이 기억이 나서 가위를 들었다. 허공에 가위를 보여주며, 가위, 칼 등의 흉기로 상대방을 찌르지 않고, 위협하는 시늉만 하더라도 행위자의 의도와는 상관없이 피해자가 생명, 신체에 위협을 느끼고, 두려웠다면 '학교폭력'이 성립한다며 열강을 마쳤다. 너무나 열강이었을까. 10분이 채 지나지 않아 경찰서 복귀를 위해 자동차 시동을 거는 순간, 경찰서 112상황실에서 전화가 왔다.

상황실 : 최 순경! 지금 어디야? 초등학교 학생한테 가위로 협박했다고 112신고 들어왔어.

사무실로 복귀하는 길에 수많은 생각이 들었다. 교실 뒤에 계시던 선생님께서 신고를 한 것인가? 열강을 들은 아이 중 누군가가 화가 나서 보복 신고를 한 것인가? 나도 모르게 집단 사안에 흥분해서 내가 진짜 가위로 아이들을 협박을 했나?

경찰서 복귀 후 신고자를 확인했다. 신고자는 당시 가해관련 측 학부모였다. 열강을 마친 시간과 112신고 시간 사이가 매우 촘촘했다. 사실 집단따돌림, 집단 괴롭힘 사안을 들었을 때, 아이들만의 문제는 아닐 것이라고 생각했다. 애초에 학부모들 간 감정싸움이 고스란히 아이들에게까지 전해진 것이었다. 지방 전지훈련에 친구의 엄마, 아빠가 바쁜 이유로 참석하지 못했다고 해서 또래 아이들이 투정을 부렸을까? 그리고 14명의 아이들 모두가 같은 수위의 학교폭력 행위를 한 것도 아니었다. 딱 그 보호자의 역량만큼 아이들도 그 만큼의 역량을 보여주었다.

글을 쓰는 지금도 궁금하긴 하다. 신고자는 학교전담경찰관이 피해 측 입장에서 피해학생을 대변하려고 학교에 방문을 했다고 생각해서 112신고를 한 것이었을까? 이후 학교폭력 사안 절차대로 당시 학교폭력대책자치위원회(현재는 '학교폭력대책심의위원회')가 개최되었다. 관련학생들이 많았고, 그만큼 위원회 심의 시간도 길어졌다.

당시에는 '학폭위'를 각 학교에서 개최했다. 학폭위 위원 자격으로 참석하여 '감히'까지는 아니고, '과연' 누가 나를 신고했을까? 궁금했다. 궁금함도 잠시, 관련학생과 보호자가 입장하는 순간 나와 눈을 마주치자마자 서로를 알아보았고 궁금함은 해소되었다. 그리고 그 순간을 잊지 못하는 이유가 있다. 신고자와 그 자녀가 똑같은 표정과 눈빛으로 나를 노려보았기 때문이다. 9년이란 시간이 흘렀음에도 당시 강렬한 표정과 눈빛은 지금도 생생하다. 아무리 생각해도 신고자와 그 자녀는 학교전담경찰관의 역할에 대해 잘못 생각하고 있었던 것 같다.

교내 학폭위에 위원 자격으로 참석했을 뿐인데 그 어머님의 진술대로라면 학교전담경찰관이 14명의 아이들을 방과 후 훈련 시간에 훈련도 못하게 하였고, 교실로 집합시킨 후 피해 학생 편에 서서 아이들을 가해 학생으로 정해놓고 심판했다는 것이다.

가해관련학생 측 진술이 끝나고 신고자를 따라 나갔다. 신고자와 대화를 나눠보니 역시나 학교전담경찰관이 학교 측과 사전에 피해관련학생 측 입장만 듣고, 무조건 가·피해학생으로 판단하고 있는 것 같다고 하였다. 가해관련학생으로 학폭위에 참석한 아이들 중에서도 분명히 피해관련학생에게 학교폭력 피해를 당한 부분이 있음에도 그 부분이 배제된 것 같아 아쉬웠다는 진술이다.

아직 학폭위가 진행 중인 점을 말씀드린 후, 다시 학폭위 위원 자격으로 자리에 착석 후 학폭위 절차에 따라 진행하였다. 각각 가해, 피해 학생 대상 선도 및 보호 조치 결정이 되었다. 나중에 나를 신고했던 신고자와 그 자녀는 전학을 갔다. 정확한 이유는 알 수 없었다. 크게 궁금하지도 않았다. 부디 전학 간 학교에서는 학교폭력 없이 즐거운 학교생활을 하길 기도했다.

경찰관으로서 범죄 피해자가 아닌 행위자로 신고를 당해본 경찰관은 많지 않을 것이다. 특히, 초등학교 교실에서 초등학생을 대상으로 경찰관이 가위(흉기)를 흔들면서 협박을 했다는 신고라니 가당치도 않다. 마지막으로 다들 한번쯤 들어봤을 것이다.

"내 언어의 한계는 내 세계의 한계이다."
"내가 가진 언어의 한계가 내가 살아갈 세상의 한계를 결정한다."

- 루트비히 비트겐슈타인 -

절대로 때리지 마세요

2016년, 초등학교 5학년 남학생을 만났다. 다른 학교에서 친구를 때리고, 담임 선생님에게 심한 욕설을 하여 전학 조치를 받은 학생이었다. 이 학생은 자신의 행위에 대해 떳떳했고, 앞으로도 남녀노소 구분하지 않고, 거슬리는 사람에게는 강하게 대응하겠다고 진술했다. 안타깝게도 자신의 당찬 포부와는 달리 학교, 경찰서 등에서 정말 다방면으로 거슬리는 존재가 되어버렸다. 폭력, 사기, 특수절도 등 경찰서에 입건된 전력만 30건이 넘었으며, 고등학교도 입학하자마자 자퇴를 하였다. 연락이 뜸하다가도 종종 연락이 와서는 부모님과 통화를 해달라고 요청하여 보호자들과 수십 분씩 통화한 적도 있다. 통화를 시작하면 보호자들도 쉬지 않고, 하소연을 한다. 보호자들의 하소연을 요약하면 아래와 같다.

1. 제가 얼마나 힘들게 낳아서, 아기 때부터 해달라는 것 다해줬는데 지금 이러는 것 보면 배신감이 들어요.

2. 아이의 사소한 행동에도 지나치게 반응하고, 소리를 지르고, 욕을 한 아빠 잘못이 커요.

3. 하도 뭐라고 하니까 이제는 듣는 척도 안하고, 아예 무서운 것이 없는 것 같다며, 결국 자기 아빠를 닮아서 '겁이 없다'고 한다.

4. 어렸을 때부터 너무 '오냐 오냐' 키운 엄마 잘못이다.

보호자가 자녀에 대해 직접 '겁이 없는 것 같다.'고 표현을 했다. 그렇다면 이 아이가 정말로 겁이 없었던 것일까? 엄마 뱃속에서 태어날 때부터 겁 없이 태어났을까? 똑똑하고, 생각이 깊은 아이를 저렇게 겁 없는 아이로 만들 수 있을까?라는 생각이 들었다. 이 아이는 경찰서에 자주 방문했기 때문에 여성청소년계 사무실로 불쑥 찾아오곤 했다. 자신이 생각해낸 범죄 수법이라며 설명해주기도 하고, 실제로 최근에 유행하고 있는 청소년 범죄에 대해서도 알려주고 갔다. 범죄 관련 이야기 뿐 아니라 자신의 근황 이야기를 하다가 갑자기

아이 : 경찰관님, 집에서 아이들 때려보셨어요? 진짜 절대로 절대로 때리시면 안 됩니다.

SPO 당연히 때려본 적 없지. 근데 왜?

아이 저처럼 돼요. (아무렇지 않게) 저는 어렸을 때부터 아빠한테 주먹으로 머리를 맞고 기절한 적도 있고, 응급실에 실려 갔던 적도 있어요. 다 기억나요. 야구방망이랑 각목으로도 거의 맨날 맞았어요. 근데 지금은 아무렇지도 않아요. 어렸을 때는 진짜 맞거나 욕먹을 생각만 해도 너무 떨리고 무서웠는데 이제는 뭐라고 해도 타격감이 없어요. 그냥 겁이 없어진 것 같아요. 그래서 경찰관님은 집에서 아기들 어렸을 때부터 절대로 때리시면 안돼요.

제 주변 애들 중에서도 저랑 비슷한 애들 많아요. 제가 봐도 애들이 겁이 없어요. 이제는 엄마가 저를 무서워해요.

SPO 그래서 앞으로의 계획은 어떻게 돼?

아이 얼른 성인이 되서 독립해야죠. 아빠 회사 삼촌들이 회사로 들어오라고 하는데 그럼 진짜 인생 망할 것 같아요. 제 인생 살아야죠.

SPO 그래. 절대로 더 이상 범죄를 저지르면 안 돼.

아이 네 이제 재미없어요. 절대 안 해요.

이번엔 다른 여학생 사례이다. 2015년 당시 중학교 2학년이었는데 부모님이 40대 중반이 넘어서 힘들게 임신과 출산에 성공하여 얻은 소중한 외동딸이었다. 이 아이는 주로 학교폭력 등 범죄피해자였다. 주로 성범죄 피해자였는데 교내 학폭위에 피해관련학생으로 모친과 함께 출석하였다. 학폭위 위원들의 질문에 쉽사리 대답하지 못하고 머뭇거리는 모습을 보이자 옆에 있던 모친이 답답했는지 아이의 등을 수차례 때리며,

모친 아니, 네가 피해자인데 왜 말을 제대로 못해. 아이고, 속 터져라. 내가 얼마나 힘들게 늦둥이를 낳았는데 하루가 멀다 하고 속을

썩이니. 제대로 말 좀 해!

나는 눈앞에서 벌어지고 있는 상황을 보며 당황했고, 답답했다. 지난번에 이 아이가 집에 있으면 스트레스를 받고, 답답해 미쳐버릴 것 같다고 진술했던 것이 생각났다. 평소 학폭위 위원으로 참석하여 적극적으로 질문하기 보다는 침묵을 유지했는데 학폭위 위원들 중 아무도 현재 상황을 제지하지 않는 분위기였다. 학폭위 위원장에게 학폭위 5분 휴식을 요청한 뒤, 모친과 복도에서 얼른 대화를 나누었다.

SPO 어머님, 지금 따님이 성범죄 피해를 받아서 속상하신 것 압니다. 하지만 피해 당사자인 따님은 당시 피해 상황을 다시 떠올리는 것만으로도 또 다시 피해 상황에 마주하는 것과 같습니다. 그리고 옆에 어머님이 계셔서 어머님께 죄송한 마음도 있어서 쉽게 대답하지 못하는 것 같습니다. 다시 들어가셔서, 조급하게 나무라지 마시고, 다독여주세요. 제 업무용 스마트폰 연락처를 알려드리겠습니다. 학폭위 이후에도 필요하실 때 언제든지 연락주세요.

학폭위가 재개 되었고, 관련학생 간 학교가 달라서 피해관련학생에 대한 보호 조치와 상대 학교에 피해 측 의견을 전달하기로 하고 학폭위를 종료하였다. 물론 당시 사안의 상대 남학생들도 이미 알고 있던 남학생들이었다. 학폭위 위원 자격이 아니더라도 학교전담경찰관으로서 남학생들에게 연락을 해서 학교폭력 사안 관련 학폭위 외에도 피해학생에게 연락하지 않기, 보복 행위 등 접근 금지를 당부하였다.

학교폭력 사안 발생 시 교내 학교폭력 신고 접수를 통해 가·피해관련학생을 학교폭력대책심의위원회에 회부하여 가·피해관련학생 대상 선도·보호 조치를 결정할 수 있다. 학교에 학교폭력을 접수한다고 해서 무조건 학폭위가 개최되는 것이 아니다. 먼저, 학폭위는 2020년 3월 1일부터 학교폭력예방 및 대책에 관한 법률 개정에 따라 각 학교에 설치된 학교폭력대책자치위원회는 폐지되었고, 각 교육지원청 단위에 설치되는 학교폭력대책심의위원회가 해당 업무를 대신하게 되었다.

피해학생과 그 보호자가 교육지원청 내 심의위원회 회부를 원하지 않는 경미한 사안의 경우 학교장 재량으로 자체 해결할 수 있고(학교장 종결제), 학폭위에 회부할지, 학교장 종결제 결정 여부는 각 학교에 설치된 학교폭력 전담기구에서 결정하여 절차를 진행하고 있다.

학교폭력 사안 점수는 고의성(0~4점), 지속성(0~4점), 심각성(0~4점)으로 점수가 높을수록 고의성, 지속성, 심각성이 높다고 판단한 것이다. 또한, 가해학생의 반성 정도(0~4점, 높은 점수일수록 가해학생의 반성 정도가 낮음), 피해학생과의 화해 정도(0~4점, 높은 점수일수록 피해학생과 화해 정도가 낮음)로 총 0~20점 합계에 따라 가해학생에게 선도 조치 결정을 할 수 있다.(제1호~제9호)

※ 학교폭력대책심의위원회 가해학생 선도 조치

제1호	피해학생에 대한 서면사과	1~3점
제2호	피해학생 및 신고·고발 학생에 대한 접촉, 협박 및 보복행위의 금지	
제3호	교내봉사	4~6점
제4호	사회봉사	7~9점
제5호	특별교육	
제6호	출석정지	10~12점
제7호	학급교체	13~15점
제8~9호	**전학 또는 퇴학** *전학 : 현 초중등학생들에게 내려지는 가장 최고의 징계로 초중등교육법 제18조 1항에 따라 의무교육인 초중학생 대상 퇴학이 불가하다. *퇴학 : 고등학생들에게는 퇴학 조치가 최고 수위 징계이다.	16점 이상

점수에 따라 부과되는 선도 조치와 함께 사안의 특성에 따라 피해학생 및 신고·고발 학생에 대한 접촉, 협박 및 보복행위의 금지(제2호)나 특별교육(제5호)을 병과를 하여 조치할 수 있다. 또한, 제2호~제4호 및 제6호~제8호 처분을 받은 가해학생은 교육감이 정한 기관에서 특별교육을 이수하거나 심리치료를 받아야 한다. 그 기간도

학폭위에서 정한다.

    2020년 2월까지는 담당 학교 학교전담경찰관이 학폭위 위원으로 위촉되어 담당 학교 학폭위 개최 시 참석하여 담당 학교 사안을 모두 파악할 수 있었다. 자연스럽게 담당 학교 가·피해학생 등 위기청소년을 쉽게 알 수 있는 장점이 있었다. 하지만 학폭위 위원 전문성 강화 취지 등을 이유로 2020년 3월 1일부터 교육지원청 단위로 이관되어, 학폭위 위원으로 위촉되지 못한 SPO는 학폭위에 참석할 수 없는 상황이 되었다. 현재는 시·도청마다 다른데 SPO가 학폭위에 참석하더라도 다른 관할, 다른 학교 사안에 대해 심의를 하는 등 실무적으로 아쉬운 점이 있다. 학폭위 관련 이야기는 뒤에서 더 이야기하겠다.

우리 아이 좀 찾아주세요

    학교전담경찰관(SPO) 제도 활성화를 위한 경찰청 세미나에 다녀온 뒤, 8년 넘게 맡은 SPO의 역할과 업무에 대해 다시금 생각을 해봤다. 현재 조직 내 SPO의 위치는 어디쯤일까? SPO의 역할은 학교 생활안전부장? 사회복지사? 정도 일까? 결국 학교전담경찰관도 경찰공무원이다. 그렇다면 SPO가 실제로 조직에 필요한 업무일까? 내 대답은 'Yes'다. 솔직히 조직 내부적으로는 SPO를 바라보는 이미지가 그리 좋지 않다. 그래도 내 생각엔 학교전담경찰관 제도가 반드시 필요하다고 생각한다.

　학교전담경찰관 경력경쟁채용 1기로 입직 후 의무복무 기간인 5년을 채우고도 3년을 더했다. '그만큼 업무가 편하니까 오래 버티고 있는 것 아니야?'라는 이 물음에 대한 대답도 'Yes'이다. 그런데 이 문제는 비단 SPO 뿐만 아니라 다른 기업 혹은 조직 내 다른 부서도 마찬가지인 부분이다.

　대부분 피해자 혹은 민원인으로부터 사건 접수를 '받는' 것이 경찰공무원의 업무이다. 학교전담경찰관도 담당 학교 학교폭력 사안 관련 112, 117 신고·상담 접수를 받고, 직접 상담 종결을 하거나 수사부서에 인계를 하고 있다. 하지만 이렇게 매일 청소년 관련 사안을 받는 것에 그치지 않고, 위기청소년들에게 진심으로 다가가 도움을 주고자 한다면 조직 내 다른 부서와는 달리 '적극적으로 도움을 주는' 역할도 할 수 있는 것이 학교전담경찰관만의 매력이다.

　학교전담경찰관은 사무실에서 일하는 내근 업무와 직접 아이들을 만나러 다니는 외근 업무를 병행한다. 그 날 상황에 따라 자신의 위치가 달라지는 셈이다. SPO로서 아이들과의 소통을 할 때에는 문제가 없는데 보호자와 연락을 할 때마다 스트레스를 받는 경우가 있다. 평소 사석에서는 입담이 좋은 직원이 있는데 신학기 초 담당 학교 대상 학교폭력 등 범죄예방 교육 일정만 잡히면 스트레스를 받는 SPO도 있다. 대강당, 학급 교육 시 많은 학생들 앞에서 입이 떨어지지 않고 얼어붙는 경우 등 이런저런 사유로 1년 만에 타부서로 이동하는 학교전담경찰관도 종종 있다. '편한 SPO하면서 유난 떤다.'는 소리도 들어봤다. 이상하게 이런 소리를 들으면 위축되지 않고, 더 유난을 떨게 된다.

20대 후반 학교전담경찰관 업무를 하면서 내 인생 목표를 '자상한 남편·아빠'로 정했고, 인생 모토는 중학교 때부터 '가화만사성'이었다. 2025년 현재 30대 후반에 접어들었고, 첫째 아들은 두 달 뒤 초등학교 1학년이 된다. 이제는 집에서도 매일 학교폭력 예방 활동을 해야 하는 상황이다.

아빠의 역할과 SPO 역할을 동시에 다 잘하고 싶은 현재와 20대 후반 미혼 SPO 시절을 비교해봤다. 아무래도 미혼 SPO 시절, 위기청소년들에게 시간과 마음 더 쏟을 수 있었다. 앞에서 언급했듯이, 2015년 SPO 업무 초창기에는 개인 업무용 휴대폰을 지급받지 못해 개인 휴대폰으로 위기청소년, 보호자들과 퇴근 후 10시, 11시가 넘어서도 연락을 했다. 당시 새벽에 받은 애니팡 게임 초대와 하트만 1,000개는 넘을 것이다.

한번은 이런 적도 있었다. 다음날 출근을 위해 23:30경에 누웠는데 휴대폰 번호가 저장되어 있던 보호자에게 연락이 왔다.

보호자 우리 딸이 휴대폰이 꺼져있고, 연락할 방법이 없어서 어떻게 해야 할지를 몰라 경찰관님께 연락드렸어요. 우리 아이 좀 제발 찾아주세요.

SPO 예 어머님 잠시만 기다려주세요. 알아보겠습니다.

당시 관내 위기청소년들을 만나면 모두 페이스북 친구 맺기를 해두었다. '현활'(현재 활동 중) 상태를 확인 후 몇몇 아이들에게 가출청소년 소재 파악 요청을 했다. SNS의 힘은 위대했다. 가출청소년의 현재 위치와 더불어 최근에 어울려 노는 무리들도 알려주었다. 마침 함께 있다는 아이의 연락처도 저장되어 있어서 늦은 시간이지만 안전 귀가를 시켜야 한다는 생각에 연락을 해서 직접 귀가를 시켰다.

학교전담경찰관은 이성학생 면담 시, 이성 SPO 동행 하에 면담을 하는 것이 원칙이다. 그래서 가급적이면 동성학생과 면담을 하는 편이다. 이성학생 관리는 이성 SPO에게 요청을 한다. 학교전담경찰관 업무는 개인 업무 뿐 아니라 팀으로 운영되어 개인적으로 소통하고 관리하는 위기청소년 현황을 팀원들과 공유하면 SPO 업무를 하는데 있어서 훨씬 수월하다.

다른 사안도 있었다. 밤 11시 이후에 가출청소년(남학생)을 직접 찾아 보호자에게 인계한 건이다. 당시 아버님께서 조금만 더 도와달라고 요청을 하였다.

부친 경찰관님, 이대로 그냥 가시면 저 녀석 또 곧바로 가출해서 어떻게 될지 감당할 수 없습니다. 도대체 왜 그러는지 이야기 좀 해주실 수 있으실까요? 부탁드립니다.(새벽 1시)

SPO (어차피 늦었다.) 예, 제가 이야기 한 번 해보겠습니다. 일단 오늘은 주무시고 훈계하지도 마시고 제가 이야기하고 조용히 나가겠습니다.

이 아이는 거실에서 보호자에게는 한마디도 하지 않고 보호자를 잡아먹을 듯이 노려보더니, 나와 함께 자신의 방에서는 갑자기 억울하다며 "자신이 왜 이런 취급을 받아야 하는지 모르겠다. 아빠가 경찰관님 앞에서 착한 척하는 모습을 보는 것만으로도 역겹다."라며 그동안 쌓이고 쌓였던 불만들을 이야기하다가 피곤해보여 일단 내일 학교 등교를 위해 자라고 한 뒤 나온 기억이 있다. 사실 그 때 내가 뭐라고 이야기했는지 크게 기억나지 않을 정도로 아이의 말을 들어주다가 나왔다.

아마도 그때부터였던 것 같다. 학교폭력 등 청소년 범죄 및 비행 행위는 교우 관계의 문제로만 접근할 것이 아니라 어렸을 때부터 가정 내 보호자의 부부싸움 등 가정폭력 노출, 아동학대 행위 등 모든 순간이 엮여 있고, 악순환 되고 있어 더 넓은 시야로 바라봐야겠다고 다짐했다.

청소년 사안 관련, 그 사안만 들여다보지 않고 위기청소년들의 가정환경, 부모와의 소통 문제 등에 대해 100%는 아니지만 내 데이터 상으로 분명한 점을 발견했다.

'아이들은 잘못이 없다. 그리고 죄가 없다.'

우범소년 송치 부탁드려요

'우리 아이가 더 이상 범죄 행위를 하지 않게 소년분류심사원에 단기 입소라도 부탁드릴게요.' 학교전담경찰관은 위기청소년들과의 소통 뿐 아니라 그 보호자들과도 어느 정도 라포(Rapport)가 형성되어 있어야 한다. 부모로서 오죽했으면, 얼마나 힘들었으면 가정 내에서 자녀를 돌보는 것이 불가능하다고 판단을 했을까. 자신이 배 아파 낳은 자녀를 수사기관에 우범소년 송치를 부탁할까? 라는 생각과 아무리 그래도 어떻게 부모가 돼서, 벌써 자녀 돌봄을 포기한다고? 라는 생각이 교차했다.

먼저 우범소년은 우리가 영화나 드라마, 각종 매체에서 접한 촉법소년, 범죄소년과 차이가 있다. 촉법소년은 10세 이상 14세 미만의 범죄를 저지른 소년을 말하고, 범죄소년은 14세 이상 19세 미만의 범죄를 저지른 소년을 말한다.

우범소년은 첫째 집단적으로 몰려다니며 주위 사람들에게 불안감을 조성하는 성벽이 있는 소년, 둘째 정당한 이유 없이 가출하는 소년, 셋째 술을 마시고 소란을 피우거나 유해환경에 접하는 성벽이 있는 소년을 말한다.

당장 형벌 법령에 저촉되는 범죄 행위를 하지 않았지만 범죄나 비행을 저지를 '우려'가 있는 소년으로 반드시 위 3가지 사유를 모두 충족하지 않아도 우범소년의 조건은 성립한다. 1가지 사유만으로도 상습적이고 나아가 범죄 우려가 있다면 우범소년 송치를 하거나 보호자 또는 학교 등 기관의 장은 관할 가정(지방)법원 소년부에 통고 제도를 활용할 수 있다.(소년법 제4조) 우범소년 송치, 통고 제도를 신청한다고 해서 우범소년이 무조건 소년분류심사원에 입소하는 것도 아니다.

가정(지방)법원 소년부에서 긴급동행영장을 발부 후 학교전담경찰관 등 수사기관에서 긴급동행영장 집행을 통해 3~8주 동안 소년분류심사원에서 생활을 한다.(소년분류심사원과 소년원은 엄연히 다르다.) 소년분류심사원 입소 후 다시 가정법원에 출석하여 보호처분이 필요하다고 인정하는 때에는 제1~10호의 종류 중 병과를 하여 결정한다.(소년법 제32조)

※ 보호처분 요약표 – 대한민국법원 전자민원센터

구분	보호처분의 종류	기간 또는 시간 제한	대상 연령
1	보호자 또는 보호자를 대신하여 소년을 보호할 수 있는 사람에게 감호 위탁	6개월 (6개월 연장 가능)	10세 이상
2	수강명령	100시간 이내	10세 이상
3	보호관찰관의 단기 보호관찰	200시간 이내	10세 이상
4	보호관찰관의 장기 보호관찰	1년	10세 이상
5	출석정지	2년(1년 연장가능)	10세 이상
6	「아동복지법」에 따른 복지시설이나 그 밖의 소년보호시설에 감호 위탁	6개월 (6개월 연장 가능)	10세 이상
7	소년의료보호시설 위탁	6개월 (6개월 연장 가능)	10세 이상
8	소년원 송치	1개월 이내	10세 이상
9	단기 소년원 송치	6개월 이내	10세 이상
10	장기 소년원 송치	2년 이내	10세 이상

학교전담경찰관에게 지속적으로 연락하여 자녀를 우범소년 송치 해달라고 부탁하는 보호자들이 종종 있다. 처음에는 보호자가 직접 가정법원 소년부에 '통고'제도를 활용할 수 있다고 안내를 했다. 그럴 때마다

> **보호자** 아무리 그래도 내 배 아파 낳은 자식을 어떻게 직접 법원에 가서 접수를 할 수 있겠어요. 경찰관님 좀 부탁드리겠습니다. 그리고 아이에게는 제가 우범소년 송치를 부탁드렸다고 절대로 말씀하시면 안 됩니다. 비밀 꼭 지켜주세요.

라며 계속해서 부탁을 한다. 그리고 유행까지는 아니지만 위기청소년의 보호자들 간 '수사기관에서 우범소년 송치를 해준다.'라는 소문이 퍼지면서 자꾸만 적극 활용하려고 하는 분위기이다. 자녀가 범죄 행위를 하지 않았기 때문에 범죄전력이 남지 않는다는 것을 알아서 보호자들이 더 선호하는 것 같다. 자녀 돌봄은 기본적으로 부모 책임이 맞다. 단순히 가정 내 케어가 힘들다는 이유로 우범소년 송치를 남발해서는 안 된다. 남발해서도 안 되고 그렇게 할 생각도 없다.

우범소년 송치는 선도와 보호가 필요한 위기청소년을 대상으로만 활용해야 한다. 그리고 긴급동행영장 발부도 SPO의 권한 혹은 역량이라고 생각하는 보호자들이 있다. 가정법원 소년부 소관이다. 간혹,

보호자 경찰관님께 우범소년 송치 말씀드리면 무조건 그 동행영장 나오는 것 아니었어요? 경찰관님만 믿고 기다렸는데 이제 와서 안 된다고 하시면 어떻게 해요. 책임감 가지고 해주세요.

라며 불만을 표현하는 경우도 있다. 수년 간 우범소년 송치를 하며 많은 보호자들과 소통을 했는데 아래는 우범소년 송치에 대해 반대하는 보호자와의 대화이다.

보호자 아니 우리 아이가 범죄를 하지 않았는데 범죄를 할 우려가 있다고 해서 법원에 보내신다고요?

SPO 예 어머님, 자녀 분 지금 집단으로 어울리는 친구들과 늦은 시간까지 귀가하지 않고 놀다보면 비행 행위는 물론이고 범죄 행위에도 노출될 수 있습니다.

보호자 아니 그래도 지금 당장 범죄 행위를 하지 않았는데 법원에 보내는 건 아닌 것 같아요. 기록에 남는 것 아니에요?

SPO 어머님 말씀대로 범죄 행위를 하지 않았기 때문에 범죄경력에도 남지 않습니다.

보호자 계속 생각해봐도 이건 아닌 것 같아요. 제가 집에서 조금 더 신경 써서 케어해 보겠습니다.

SPO 예 어머님 알겠습니다. 도움 필요하시면 언제든지 연락주세요.

열정의 SPO가 이렇게 빨리 포기한다고? 의아해 할 수 있다. 성장기 아이들에게 가장 중요한 부모가 직접 신경을 써서 케어해 보겠다는데 내가 굳이 우범소년 송치를 하겠다고 고집피울 이유가 없는 상황이었다. 아이 케어는 부모로서 기본 도리임에도 큰 결심이라도 한 듯한 비장함과 결연함이 느껴지곤 한다. 하지만 한 달 안에 다시 연락이 온다. 늦어도 3개월 내에는 무조건 연락이 온다. SPO에게 연락이 오지 않는다면 이미 범죄 행위로 인해 경찰서에 사건 접수되어 행위자로 입건되는 경우가 대부분이다.

보호자 안녕하세요. 경찰관님. 저 OO 엄마에요. 기억하시죠? 지난번에 말씀하신 법원에 우범소년 제도 그거 지금 신청해도 될까요?

SPO 예 어머님 직접 가정법원 방문하셔서 '통고'제도 서류 작성하시거나 제가 우범소년 서류 작성해서 가정법원으로 송치할 수 있습니다. 서류 준비하는데 하루 이틀 만에 되는 건 아니고 최대한 빨리 준비해보겠습니다. 다시 연락드릴게요.

보호자 예 최대한 빨리 좀 부탁드릴게요. 감사합니다.

범죄 행위를 하지 않은 소년을 대상으로 법원에 우범소년 송치하는 것에 대해 청소년 개인의 인권 침해, 낙인 효과 등의 이야기가 나오기도 한다. 여기에 대한 나의 의견은 무분별한 성과 위주의 우범소년 송치 제도 활용은 분명 문제가 있다고 생각한다. 하지만 앞서 언급했듯이 보호자가 수사기관을 거치지 않고, 직접 사건을 법원에 접수시키는 '통고' 제도가 있다. 이는 사회(법원)의 적절한 개입을 통해 소년 문제를 해결할 수 있도록 국가 차원에서 제도를 마련해놓은 셈이다.

보호자 또는 학교·사회복리시설·보호관찰소의 장이 실시하는 통고는 서면으로 할 수도 있고, 직접 말로도 할 수 있다. 통고를 할 때에는 소년과 보호자의 인적사항(성명, 생년월일, 주소, 통고 사유) 등을 밝히면 된다. 말로 통고를 할 때에는 관할 가정(지방)법원에 출석하여 법원사무관 등에게 진술하면 되고, 진술 시 법원사무관 등이 그 내용을 조서에 기록한다. 우범소년 송치 사례는 뒤에서도 계속 나올 예정이다.

※ 통고 제도 활용 방법
- 통고서 양식은 대한민국 법원 홈페이지 전자민원센터 양식 모음 중 '소년보호·가정보호' 양식에서 제공한다.
- 통고서 양식에 맞춰 작성 후, 관할 가정(지방)법원으로 우편 발송한다.

통 고 서 (일반용)

법원 소년부 귀중

통고인	성명						
	직장명						
	보호소년과의 관계(□에 √ 표시)	☐ 사회복리시설의 장		☐ 보호관찰소장		☐ 보호자	
	전화번호 (집 또는 직장)	( ) -		전화번호 (휴대전화)	( ) -		

위 통고인은 다음과 같이 보호 대상 소년을 발견하였으므로 소년법 제4조 제3항에 따라 귀 법원 소년부에 통고합니다.

소년	성명		주민등록번호	-
	학년, 반			
	주소			
	전화번호	( ) -		
소년의 보호자	성명		소년과의 관계	
	주소			
	전화번호	( ) -		

통 고 사 유

○ 통고하게 된 사유의 요지(□에 √ 표시)

☐ 법죄를 저지름(14세 이상 19세 미만)	
☐ 형벌법령에 저촉되는 행위를 함(10세 이상 14세 미만)	
☐ 형벌법령에 저촉되는 행위를 할 우려가 있음	☐ 집단적으로 몰려다니며 주위에 불안감을 조성하는 성벽(버릇)이 있음
	☐ 정당한 이유 없이 가출함
	☐ 술을 마시고 소란을 피우거나 유해환경에 접촉하는 성벽(버릇)이 있음

○ 통고하게 된 사유의 상세(필요한 경우 별지 활용)

(일시, 장소 및 행위의 내용을 명확하고 상세하게 기재하여 주시기 바랍니다.)
※ 참고사항:

20 . . .

통 고 인   (서명 또는 날인)

통 고 서 (학교장용)

법원 소년부 귀중

통고인	학교장 성명					
	학교명					
	전화번호(직장)	( )	-	휴대전화	( )	-
	담당 교사 성명			전화번호 (휴대전화)	( )	-

위 통고인은 다음과 같이 보호 대상 소년을 발견하였으므로 소년법 제4조 제3항에 따라 귀 법원 소년부에 통고합니다.

소년	성명		주민등록번호	-
	학년, 반			
	주소			
	전화번호	( ) -		
소년의 보호자	성명		소년과의 관계	
	주소			
	전화번호	( ) -		

통 고 사 유

○ 통고하게 된 사유의 요지(□에 √ 표시)

□ 법죄를 저지름(14세 이상 19세 미만)	
□ 형벌법령에 저촉되는 행위를 함(10세 이상 14세 미만)	
□ 형벌법령에 저촉되는 행위를 할 우려가 있음	□ 집단적으로 몰려다니며 주위에 불안감을 조성하는 성벽(버릇)이 있음
	□ 정당한 이유 없이 가출함
	□ 술을 마시고 소란을 피우거나 유해환경에 접촉하는 성벽(버릇)이 있음

○ 통고하게 된 사유의 상세(필요한 경우 별지 활용)

(일시, 장소 및 행위의 내용을 명확하고 상세하게 기재하여 주시기 바랍니다.)

※ 참고사항:

○ 해당 □에 √ 표시

1. 보호 대상 소년이 자신의 행위를 시인하고 있다.	□ 예 □ 부분 □ 아니요
2. 보호 대상 소년과 피해 소년 사이에 화해(사과, 금전적 배상 포함)가 이루어졌다.	□ 예 □ 아니요
3. 보호 대상 소년에 대하여 학교폭력대책심의위원회(이하 '심의위원회'라고 한다)가 개최되었다.	□ 예 □ 아니요
3-1. 심의위원회가 개최되지 않았다면 그 이유 (	)
4. 심의위원회에서 보호 대상 소년에 대한 조치가 이루어졌다.	□ 예 □ 아니요
4-1. 심의위원회에서 보호 대상 소년에게 취한 조치 　　피해 소년에 대한 서면 사과 　　피해 소년 및 신고·고발 소년에 대한 접촉, 협박 및 보복행위의 금지 　　학교에서의 봉사 　　사회봉사 　　학내외 전문가에 의한 특별 교육이수 또는 심리치료 　　출석정지 　　학급 교체 　　전학 　　퇴학처분	□ □ □ □ □ □ □ □ □
5. 심의위원회에서 보호 대상 소년의 보호자도 특별교육을 받게 하였다.	□ 예 □ 아니요
6. 심의위원회에서 피해 소년에 대한 보호조치가 이루어졌다.	□ 예 □ 아니요
6-1. 심의위원회에서 피해 소년에게 취한 보호조치 　　심리 상담 및 조언 　　일시보호 　　치료 및 치료를 위한 요양 　　학급 교체 　　그 밖에 필요한 조치 (　　　　　　　　　　)	□ □ □ □ □

○ 첨부서류

　- 심의위원회가 개최되었다면 그 관련 자료 사본: 전담기구의 사실확인 결과 보고서(진술서 등 사실관계를 조사한 자료 포함), 심의위원회 속기록·의결서, 전문상담교사의 상담결과 보고서, 담임교사·책임교사의 의견서 등
　- 보호 대상 소년의 학생생활기록부

20 . . .

통 고 인　　　　　서명 또는 날인

카카오톡 말고 'M' 확인하세요.

　예비초등학생 자녀를 둔 보호자에게는 아직 해당사항이 아닐 수 있다. 학교전담경찰관 업무를 하면서 아이들 간 단체채팅방, 학급 전체 채팅방 등에서 무분별한 사진, 영상 전송, 뒷담화(Gossip), 욕설 행위들이 오가는 것에 대해 보호자들이 걱정을 많이 한다. 보호자들이 걱정하는 만큼 관심을 갖고 신경을 쓰는 것을 수없이 봐왔다.

　자녀가 초등학교 저학년일 때에는 순순히 자신의 스마트폰을 보호자에게 내놓는다. 하지만 초등학교 고학년만 되어도 가정 내 스마트폰 검사는 개인 인권 침해의 소지가 있다고 주장하며 방문을 닫아 버린다고 한다. 심지어 스마트폰 검사를 아동학대로 신고한다고 역으로 협박하는 자녀들도 있다. 멀리서 보면 귀엽다고 할 수 있으나 기가 차는 현실이다.

　자녀들의 SNS 활동 관련, 보호자들과 이야기를 나누어보면,

보호자1 저는 아이가 잠들고 나서 매일 밤마다 카카오톡 대화 내용을 다 확인하는데 이상한 낌새나 학교폭력 사안 관련 내용은 없었던 것 같아요.

보호자2 아이 스마트폰을 확인하려고 하면 언제부턴가 당당하게 보여줘서 SNS상 문제가 없다고 생각했는데 뒤에서 몰래 이렇

게 엄청난 메시지들이 오가는지 알고부터는 충격입니다.

    2021년 3월 신학기 개학 전, 머니투데이 매체와 [베테랑] 인터뷰를 진행했다. 그 당시에만 해도 보호자는 자녀의 카카오톡만 확인한 뒤 안도하는 분위기였다. 조금 더 신경을 쓰는 보호자들은 자녀들의 페이스북 활동까지도 확인을 했다. 하지만 문제는 'M'이었다. 'M'은 문자메시지가 아니다. 페이스북메신저(페메), 인스타그램 'DM'(다이렉트메시지) 등 SNS상 메신저이다. SNS상에서 언어폭력 등 학교폭력이 발생하고 있었다. 페이스북메신저도 초창기에는 일대일 대화만 가능했는데 어느 순간 '페메'도 단체 채팅이 가능해졌다. 인터뷰 당시 '카톡은 부모님들이 확인하니 요즘 아이들은 페메로 집단따돌림을 한다.'고 강조했다. 카카오톡 확인에 그치지 않고, 다른 SNS 메시지까지 확인하는 것이 자녀의 올바른 학교생활과 또래들과의 소통 상황을 제대로 확인하는 것이다.

    카카오톡은 피해자가 채팅방 알림 off, 카카오톡 메시지를 받더라도 채팅방을 누르지 않으면 된다. 하지만 페이스북, 인스타그램 등은 접속만 해도 '현활'(현재 활동 중) 상태가 되어 '읽씹'(메시지를 읽고 답장하지 않는 것)을 하면 향후 학교폭력 피해는 더 커질 수 있다.

    2020년 당시 고등학교 1학년이었던 A학생이 인근 중학교에 재학 중인 후배 B학생을 폭행하는 사안이 발생했다. A와 교제중인 여자친구 C에게 B가 SNS상으로 메시지를 보냈다는 것이 폭행의 이유였다. 피해를 당한 B는 당시 C에게 비대면으로 연락을 했고, 실제로 만나지도 않았는데 폭행 피해를 당한 것이 억울하였다. B는 A의 처벌을 강력하게 원했다. 이후 3~4일에 걸쳐 SPO와 대화를 나눈 B는 폭행 피해를 당했지만 당시 SNS 대화상 서로 간 오해가 있었음을 이해하고, A에 대해 처벌을 원하지 않는다고 진술하였다.

피해자가 가해자에 대한 처벌을 원하지 않는다고 해서 곧바로 사안을 종결하지 않는다. 이후에 당사자 간 '회복적 경찰활동'(회복적 대화모임)을 실시하였다. 그 이유는 피해자가 처벌을 원하지 않는다고 종결해버리면 관련학생 간 향후 보복 행위 발생 등 재범이 발생할 가능성이 있기 때문이다.

'회복적 경찰활동'이란 '응보적 사법'에 기반을 한 기존 사법 절차는 가해자 처벌에 중점을 두고, 피해자의 피해 회복에 무관심하며 사과 조차 제대로 받지 못하는 현실을 전환하고자 당사자 간 자발적인 참여와 대화를 통해 피해 회복, 책임부담의 기회를 제공함으로써 응보적 사법의 한계를 보완하고자 하는 제도이다. 2019년 4월 인천 계양경찰서(인천경찰청 유일) 등 수도권 내 15개 경찰서가 회복적 경찰활동 시범 운영 관서로 선정되었다.

당시 회복적 경찰활동에 대한 나의 솔직한 심정은 회의적이었다. 가해자와 피해자에게 연락하여 직접 대면하는 대화 모임을 안내하고 동의를 얻은 후 전문 상담기관과 일정을 조율하여 사전 모임, 본 모임

등 직접 대면을 진행해야 했다. 가해 측에는 피해 측에 진심으로 사과할 수 있는 기회를 제공한다는 명목으로 동의를 구할 수 있었지만, 사건 접수를 원하는 피해 측에 연락하여 '회복적 경찰활동'을 안내하면 종종 '아니, 지금 경찰관이 피해자에게 합의를 종용하고 계신가요? 사건을 접수했으니 가해자를 처벌해주세요.'라는 반응을 보였다.

2019년을 돌아보면, 전국 경찰서 중 15개 경찰서가 시범 운영관서로 선정되었고, 어느 정도 시간이 흐른 후 상급 부서에서는 회복적 경찰활동 실시 결과에 대한 건수를 요구했다.

시범 운영관서라는 이유로 보고용으로 1~2건 정도만 실시하려고 했다. 그런데 실제로 회복적 경찰활동을 연계하다 보니 생각보다 많이 해버렸다. 왜 그렇게 많이 했는지 의아해 할 수도 있다. '회복적 경찰활동'을 직접 실시해 본 결과, 그 효과는 대단했다. 행위자가 향후에 다른 피해자에게 범죄를 저질렀다고 하더라도, 일단 '회복적 경찰활동'을 실시한 당사자 간에는 재범 행위가 발생하지 않았다. 당사자 간 대화 모임 이후 마지막 단계로 '약속이행문'을 작성한다. 약속이행문 작성이 무조건 당사자 간 원만한 합의를 했다는 것을 의미하지 않는다.

'회복적 경찰활동'은 당사자 간 합의하는 자리가 아니다. 당사자들에게 '회복적 경찰활동'을 안내할 때 가장 강조하는 부분이다. 가해, 피해 당사자들도 대화 모임 자리가 합의를 하는 자리인지 먼저 물어보기도 한다.

가·피해 당사자 그 대화 모임을 진행하면 상대방과 합의가 이루어지는 것인가요?

SPO 아닙니다. '회복적 경찰활동'은 경찰서 사건 접수와 별개이며,

필수로 안하셔도 됩니다. 당사자 간 동의와 자발적인 참여로 진행합니다. 그리고 마지막에 약속이행문을 작성하는 것 또한 합의와 상관이 없습니다. 약속이행문도 당사자 간 동의를 통해 실제로 지킬 수 있고, 원하는 내용만 기록합니다. 상대방이 원하지 않을 경우 작성하지 않습니다.

가·피해 당사자 네 대화 모임 해볼게요. 동의합니다.

성인 간에 갈등이 발생하면 당사자들의 동의를 받고 진행한다. 반면, 청소년들 사이에서 학교폭력 등 사안 발생 시에는 대상자들이 미성년자이기 때문에 보호자들의 동의를 받아야 한다. SPO에게 안내를 받을 때에는 얼떨결에 회복적 경찰활동을 동의하고, 일정 조율까지 마친 상황에서 대화 모임 전날 혹은 당일 날이 되어 피해 측에서 '몇 번을 생각해봤는데 아무래도 상대방과 같은 공간에서 대화하기는 힘들 것 같습니다. 대화 모임 취소해주세요.'라며 당일 날 철회되기도 한다.

회복적 경찰활동은 당사자의 자발적인 동의와 참여로 이루어지기 때문에 언제든지 철회가 가능하다. 약속한 당일에 경찰서에 방문하여 전문상담기관 선생님 2명과 먼저 사전 모임을 진행하다가도 '상담선생님들과 이야기하는 사전 모임만 참석하고 상대방과 함께 대면해서 이야기해야 하는 본 모임 참여는 원하지 않습니다.'라며 철회하는 경우도 있다.

사전 모임 완료 후 SPO, 전문기관 선생님 2명, 당사자 2명 등 최소 5명이 한 자리에 모인 본 모임을 진행하는 과정에서도 피해자가 갑자기 손을 든다. "가해자가 전혀 반성을 하고 있지 않는 것 같다. 시간 낭비하고 있는 것 같다.", "자꾸 가해 사실을 인정하지 않고, 자기 이야기만 한다."고 하며 본 모임에서 철회 요청을 하는 경우도 종종 있다.

어느 단계에서든지 대화 모임 참여자의 자유로운 의사가 가장 중요하다. 회복적 경찰활동의 취지가 당사자 간 관계 회복, 피해자의 피해 회복이라고 하더라도, 가해자의 진심 어린 사과가 아닌 형식적인 사과와 피해자가 받아들일 준비가 되어 있지 않은 상황에서 무리하게 진행하지 않는다.

그리고 당사자 간 본 모임까지 잘 마무리된 상황에서 마지막으로 '약속이행문'을 작성하는데 이 단계까지 와서도 '끝날 때까지 끝난 것이 아니다'라는 마음으로 임한다. '약속이행문'에는 앞으로 상대방이 어떻게 해주었으면 하는 바람과 자신이 직접 지킬 수 있는 약속을 구체적으로 적는다. 이 마지막 단계에서 당사자 중 한명이라도 동의를 하지 않을 시에는 약속이행문에 기록하지 않는다.

※ '약속이행문'의 잘못된 예
1. A와 B는 앞으로 아는 척하지 않는다.
2. A는 B에게 연락하지 않는다.

위와 같이 약속이행문을 작성하면 향후 당사자 간 재발가능성을 올라갈 수 있다. 가해 측에서는 '아는 척'의 정도와 '연락'의 범위가 정해져 있지 않았다는 이유로 자신의 행위를 합리화 할 수 있기 때문이다. 자신은 피해자와 대면하지 않았고, SNS를 통해서 인사만 했다고 진술하는 경우가 있었다.

피해 측은 비록 대화 모임에 참여했지만 아직은 가해 측과 SNS상 비대면 대화도 하고 싶지 않은 상황이었던 것이다. 당사자 간 사전 모임, 본 모임을 잘 진행했다 하더라도 마지막 단계에서 작성하는 '약속이행문' 기록이 특히 중요하다. 행위자가 자신의 잘못을 인정하고 스스로 깨닫게끔 해야 한다. 행위자는 약속이행문에 기록한대로 잘 이행하고 있다고 진술한다. 그래서 아래와 같이 '약속이행문'을 구체적으로 기록해야 한다.

※ '약속이행문' 구체적 기록 예
1. A와 B는 중학교 졸업할 때까지 학교 안과 밖, 그리고 SNS상에서도 아는 척을 하지 않는다.
2. 금일 당사자 간 진행한 '회복적 경찰활동'에 대해 주변 또래 친구들에게 이야기하지 않는다. 특히, 피해 측은 '경찰서에서 가해자를 잡아먹음' 등의 내용을 SNS에 게시하지 않는다.
3. A를 B를 마주치더라도 인사하지 않는다. 친구들과 다함께 있을 때에는 눈인사 정도의 아는 척은 허용하지만 어깨동무 등의 스킨십은 절대로 하지 않는다.

4. A는 B에게 일주일 내로 사과 편지를 써서 전달한다. A는 학교전담경찰관에게 편지를 제출한다. B가 SPO에게 이야기할 때까지 A는 B에게 카톡 등 절대로 먼저 연락하지 않는다.

위와 같이 피해자가 원하는 내용과 가해자 스스로가 지킬 수 있는 부분만 '약속이행문'에 구체적으로 기록하기 때문에 향후 당사자 간 보복 행위 등 재범가능성을 낮출 수 있다. 물론 '회복적 경찰활동'에 참여했던 가해자가 다른 친구를 폭행하여 다시 '회복적 경찰활동'을 하는 경우가 발생하더라도 일단 대화 모임을 진행했던 당사자 간의 재범 발생은 없었다. 이런 재범 효과 덕분에 '회복적 경찰활동' 시범 운영관서였던 2019년부터 2023년까지 5년 동안 꾸준히 실시하였다.

아무리 당사자들의 자발적 참여를 통해 치유와 회복이라는 취지로 대화 모임을 진행하지만 모든 범죄에 대해 대화 모임을 시도하지는 않는다. 아무래도 가해자와 피해자가 만나는 것이 부적절한 강력·성범죄·학대범죄 등에 대해서는 대화 모임 자체를 시도하지 않았다. 학교전담경찰관으로 만난 회복적 경찰활동 사례는 아래와 같다.

- 중학교 시절 집단따돌림 학교폭력을 당한 A가 고등학교 자퇴 후 위기청소년이 되어 역으로 성인들을 동원해서 자신을 괴롭혔던 B를 찾아가 협박한 사안

- 우범소년 A와 그 보호자. 초등학생 때까지는 공부를 잘했는데 자녀 학업 성적에 지나치게 관여한 보호자의 과거 아동학대 사실 확인하여 대화 모임 연계

- 중학교 3학년 여학생 2명이 서울 홍대에서 인천 계양까지 택시를 타고 와서 택시비를 결제하지 않고 도망간 사안(일명 : 택튀)
※ 당시 택시기사 분의 선처와 더불어 직접 대면하여 훈계해주고 싶다고 하여 대화 모임 연계

- 고등학교 2학년 남학생이 자신의 부친을 폭행한 존속폭행 건

- 후배 6명이 선배 2명을 뒷담화한 사실을 알게 된 선배 2명이 후배 6명 대상 공포분위기 조성한 사안 ⇒ 당사자 8명, 전문기관선생님 2명, SPO 1명 총 11명에서 본 모임만 5시간 넘게 진행한 대화 모임

'회복적 경찰활동'은 부서마다 다루는 사안이 다르다. 이웃 간 층간소음 분쟁 사안, 가정 내 부부 간 가정폭력 등에 대해 많이 다룬다. 아무래도 여성청소년과 학교전담경찰관으로서 소년 사건을 중심으로 대화 모임을 진행해왔기 때문에 내가 직접 해보지 않은 성인 간 회복적 경찰활동의 효과는 장담할 수 없다.

내가 직접 참관하고 겪었던 소년-소년 간, 성인-소년 간, 부모-자녀 간의 발생했던 사안들을 마주하면서 인간관계에서 '대화' 즉 '소

통'의 중요성을 느꼈다. 예로, 초등학생 때 학급 내에서 가해관련학생은 뭐라고 했는지 기억조차 나지 않을 정도로 한마디를 했는데 그 한마디가 화근이 되어, 중학교에 진학 후 집단따돌림 사안으로까지 번지게 된 것 같다고 진술한 청소년도 있었다.

회복적 경찰활동은 단순히 대상자들이 대면하여 대화만 하는 것이 아니다. 상대방의 말 한마디 한마디를 귀 기울여 듣는다. 이후 상대방이 진술한 부분에 대해 경청했는지 상대방이 말한 그대로 다시 되돌려준 뒤, 자신의 이야기를 하는 대화 과정이다. 수십 건 넘게 대화 모임에 참관하고 진행을 해봤는데 현재 가정 내 자녀와 갈등을 겪고 있다면, 경찰서에 사건 접수를 하지 않아도 회복적 경찰활동을 실시할 수 있기 때문에 관할 경찰서 여성청소년과에 문의해보면 좋을 것 같다.

'소통'이 중요하다고 했다. 집에서 육아를 하며 어린 자녀의 스펀지 같은 엄청난 흡수력을 몸소 체험했다. 가정 내 부모로서 자녀에게 24시간 내내 모범적인 행동을 보이는 것은 힘들다. 부디 아이들 앞에서 만이라도 바른 말과 고운 말 사용하기, 배우자 간 상호 존중하는 모습 보여주기, 올바른 기본 생활 습관 보여주기, 그리고 무엇보다 중요한 '어떠한 형태로든 상대방에게 피해주지 않기'는 어른들부터 먼저 지켰으면 좋겠다. 학교전담경찰관이 아닌 보통의 어른으로서 간절한 바람이다.

※ 회복적 경찰활동 '약속이행문' 양식

약속이행문
1. 우리는 회복적 대화 모임을 통하여 아래와 같은 내용을 이행할 것을 약속하였다. - 아　래 -
이름　　　　서명　　　　이름　　　　서명

가정 내 동반 흡연 문화

SPO 어머님, 오늘 선도프로그램 중에 자녀가 집에서 흡연을 한다고 하면서 어머님도 다 알고 계신다던데 사실이 맞을까요?

보호자 예, 제가 담배를 사다주는 것 맞아요. 저번에 애들 보니까 길에 떨어진 담배꽁초를 주워서 피우거나 후배들한테 돈 뺏어서 담배를 사서 피우더라고요. 그거 보기 싫어서 그냥 제가 담배 사주고, 집에서도 베란다에서 피우라고 해요.

학교전담경찰관은 10대 청소년들의 문화·소문·범죄 수법 등을 빨리 접하는 편이고, 접해야 한다. 빨리 접할수록 예방과 조치가 가능하기 때문이다. 보호자가 자녀의 편의점 담배 절도 행위를 예방하고자 직접 담배를 사다주고, 가정 내에서 흡연 행위를 허용하는 것이 적극적인 대응인지 큰 의문이 들었다.

SPO 다른 친구들이 네가 집에서 흡연하는 것을 부러워하던데 그 사실이 맞아?

학생 네 저는 중학교 1학년 때부터 집에서 삼촌하고 같이 담배를 피워요.

편의점 담배 절도 예방 차원에서 자녀에게 담배를 사다주는 보호자, 중학교 1학년 조카와 함께 집에서 흡연하는 삼촌, '저도 쟤처럼 담배 사다주는 엄마, 담배 같이 피우는 삼촌이 있었으면 좋겠어요.'라며 부러워하는 또래 아이. 늘 처음 대하는 상황에 대해 두 눈이 휘둥그레질 정도로 놀라지만 그것도 잠깐 뿐이다. 이것이 진정 편의점 절도 범죄 및 청소년 흡연 등 비행 행위에 대한 예방책일까?

학교전담경찰관 업무 중 가정 내 자녀의 흡연 행위를 허용하는 가정을 최소 스무 군데 넘게 들었고, 직접 가정 방문을 통해서 목격도 했다. 아이 방 침대 머리에 아예 담배 대여섯 갑이 놓여 있었고, 아이의 방 안은 가시거리가 확보되지 않을 정도로 뿌옇던 방도 있었다. 무슨 말도 안 되는 소리를 하냐며 믿지 않을 수 있겠지만, 지금 내가 굳이 거짓말 할 필요가 없다. 다른 보호자의 주장도 아래와 같았다.

보호자 땅에 버려진 꺼져가는 담배꽁초를 주워서 피우는 것보다는 그냥 제가 사다주고 집에서 피우라고 하는 것이 나을 것 같아서요. 혹시 이게 문제가 될까요…?

SPO ……

요즘 아이들이 점점 영악해진다고 한다. 그럴 수밖에 없는 현실이다. 영유아기 시절부터 아이들이 보는 시야는 하루 종일 스마트폰, 패드들 들여다보고 있는 엄마, 아빠의 모습이다. 그런 모습만 보여주고는 어느 순간 '우리 아이가 스마트폰 중독이다.', '24개월도 안되었는데 스마트폰만 찾는다.'라며 아이 탓을 한다.

최근 육아하는 아빠 모임에서 들은 이야기가 있다. 30개월 아이가 엄마, 아빠의 모습을 그렸는데 몸통은 얼추 사람의 모습이었으나 엄마, 아빠의 머리 부분을 검은색 네모 상자였다고 한다. 보호자들이 얼마나 아이 앞에서 스마트폰을 들여다봤으면 그 어린 30개월 아이 눈에 엄마, 아빠가 검정색 네모 상자로 비춰졌을까?

이 책을 읽는 보호자는 자녀가 영·유아기를 지나 초, 중, 고등학생 시기의 자녀를 둔 실제 학교폭력 현장에 노출되어 있는 분들이 대부분일 것이다. 이미 자녀의 영유아기 힘든 시절을 잘 보냈으리라 믿는다. 정말 고생하셨다고 말씀드리고 싶다. 나는 취학 아동 1명, 미취학 아동 1명을 기르고 있는데 육아 선배들을 따라 가려면 아직 한참 멀었다. 하지만 10년 전부터 학교전담경찰관 업무를 하며 수많은 육아 선배들과 이미 소통하고 있었다.

'요즘 아이들은 영악하다'에서 '영악하다'의 뜻은 '이해가 밝으며 약다.'이다. 여기서 '약다'는 '어려운 일이나 난처한 일을 잘 피하는 꾀가 많고 눈치가 빠르다.'라는 뜻이다. 다시 풀어보면 '영악하다'는 '이해가 밝으며 어려운 일이나 난처한 일을 잘 피하는 꾀가 많고 눈치가 빠르다.'이다. 이렇게 사랑스럽고 영악한 아이들을 범죄, 비행 환경으로 내몰고 있는 주체는 누구일까? 과연 영악한 아이가 스스로 어둠 속으로 터벅터벅 걸어가는 것일까?

자녀가 어렸을 때부터 아빠가 안방에 누워서 술을 마시고 담배를 피우는데 자녀가 자신의 방에서 클래식 음악을 들으며 책을 보고 클레이 놀이를 할까? 범죄를 통해 만나는 위기청소년들과 이야기를 나누어보면, 이미 초등학교 3~4학년 때 부모님 몰래 냉장고에 남아있던 소주, 맥주를 마셔 본 짜릿한 경험, 안방에 있는 담배를 몰래 피워본 스릴 넘치는 경험들이 있다고 진술한다. 맥주 한두 캔 정도 빼돌려도 부모님은 모른다며 당시엔 나름 스릴이었다고 한다. 그 스릴이 3년 정도 쌓이다 보면 이제는 '스킬'이 된다. 중학교 진학 후 친구들과 금요일, 토요일 밤이 기다려지는 이유이다. 친구들을 집으로 불러 갈고 닦은 스킬을 발휘한다. 다음날이 휴일이어서 학교에 등교하지 않는 날에 맞춰서 스킬을 발휘하면 그나마 다행이다.

2020년, 전 세계를 강타한 '코로나19바이러스'를 모두 기억할 것이다. 대면 활동이 줄어들고, 비대면 활동이 늘면서 학교전담경찰관으로서 학교폭력이 대폭 감소할 것으로 기대했다. 학교폭력에 대해서는 뒤에서 자세히 다루기로 하고, 먼저 '학교'에 초점을 맞춰보겠다.

대한민국의 모든 국민은 초중등교육법 제13조(취학의무)에 의거하여 초등학교 6년, 중학교 3년, 총 9년 과정의 교육을 의무적으로 받아야 한다. 그리고 교육법 제30조에 따르면, 국민은 교육을 받을 권리가 있으며, 국가는 이를 보장하여야 한다. 이러한 권리를 코로나라는 녀석이 송두리째 무너뜨렸다.

자녀가 초등학교 1학년 때부터 귀가 닳도록 '학교는 꼭 가야하는 곳이야. 과목을 배우는 것 뿐 아니라 친구들과 어울려 지내며 작은 공동체 사회를 이루고 경험하는 곳이야.'라는 소리를 들으며 일주일에 5회씩 의무적으로 다니고 있었다. 하지만 코로나의 달콤한 유혹으로 인해 학교 등교 전면 금지로 가정 내 원격수업이 실시되었다.

코로나 거리두기가 조금 완화된다 싶으면 격일로 등교하는 등 '어? 학교를 굳이 안가도 되네? 학교 등교는 필수라고 했는데 생각보다 필요가 없네?'라고 생각하는 위기청소년들이 늘어나기 시작했다. 굳이 코로나 시기에 발생한 학생들 간의 교육 격차는 언급하지 않겠다. 다음날 학교에 등교해야하는 일정이 없는 날이 많아지다 보니 자연스레 평소보다 자유로워졌다. 원격수업으로 출석체크를 한다고 해도 아이들은 당당했다. 집에서 줌 화면을 틀어놓고 스마트폰 게임을 하거나 만화책을 읽는 등 아이들이 영악함을 발휘하는 순간이 온 것이다.

그렇다고 코로나19사태로 인하여 모든 아이들이 위와 같은 상황에 처했다는 말은 아니다. 개인 시간 관리를 철저히 하거나 보호자가 조금 더 신경을 써주었다면 코로나19사태는 누군가에는 또 다른 기회였다고도 한다. 내가 만나는 아이들에 한정해서 이야기를 하는 것이다. 그들은 평소보다 많은 음주 행위로 인해 취해 있는 날이 더 많았다. 코로나19바이러스와 보호자의 무관심 속에 아이들은 더욱 어둡게 그리고 스스로 강하게 성장하고 있었다. 아직도 자녀의 범죄 및 비행 행위에 대해 그 당시 코로나 사태 때문이었다며 코로나 탓으로 돌리는 보호자들이 있다. 보호자 뿐 아니라 위기청소년 본인들도 코로나 때문에 비행 행위를 시작했다고 진술한다.

보호자 생계유지를 하려면 일을 해야 하는데 아이가 범죄를 하지 못하도록 마냥 일을 쉴 수는 없어요. 이 코로나 때문에 우리 아이 완전 다 망가져버렸어요.

과연 이 어머님의 진술대로 코로나 사태가 발생하지 않았더라면 자녀의 범죄, 비행 행위가 발생하지 않았을까? 라는 의문이 들었다. 당시에는 입 밖으로 말하지 않았지만 속으로는 '차라리 학교 등교 금지로 인해 친구를 때리고, 괴롭히는 학교폭력 가해학생이 되지 않은 것을 다행으로 생각하세요. 어머님 이게 다 코로나 덕분이에요.'

나도 학교전담경찰관 이전에 어쩔 수 없는 사람인가보다.

Q. 전자담배도 수거 가능한가요?
A. 담배사업법상 전자담배도 담배에 포함되므로 청소년 유해약물에 해당
※ 2017. 10. 18. 전자담배 기기 장치류 청소년 위해물건 결정고시

「담배사업법」 제2조 제1호
"담배"란 연초(煙草)의 잎을 원료의 전부 또는 일부로 하여 피우거나, 빨거나, <u>증기로 흡입하거나</u>, 씹거나, 냄새 맡기에 적합한 상태로 제조한 것을 말한다.

「청소년 보호법」 제28조(청소년유해약물등의 판매·대여 등의 금지)
누구든지 청소년을 대상으로 청소년유해약물등을 판매·대여·배포(자동기계장치·무인판매장치·통신장치를 통하여 판매·대여·배포하는 경우를 포함한다)하거나 무상으로 제공하여서는 아니 된다. 다만, 교육·실험 또는 치료를 위한 경우로서 대통령령으로 정하는 경우는 예외로 한다.

라떼는 말이에요

'한 대 맞으면 두 대 때려라', '절대로 맞고 다니지 마라'라는 가정 내 가르침을 들으며 자란 세대가 현재 이 책을 읽고 있는 우리 학부모 세대이다. 우리 세대에서 이 가르침이 끊겼으면 좋으련만, 대물림되고 있다. '저는 자식한테 절대로 맞고 다니지 말라고 합니다. 합의금, 병원비 다 내줄테니까 어깨를 펴고 당당히 지내라고 합니다.' 이렇게 진술한 아버님의 투철한 교육관이 자녀에게 고스란히 물들었다. 이에 부친의 가르침대로 자녀는 학교, 경찰서, 친구들에게 할 것 없이 늘 이렇게 말한다.

위기청소년 어렸을 때부터 밖에서 싸우거나 맞고 집에 들어가면 아빠한테 더 혼났어요. 아빠한테 혼나는 것이 무서워서라도 어떻게든 더 때렸어요. 어차피 아빠가 다 합의를 해줘서 문제될 게 없다고 생각했어요.

눈 하나 깜빡하지 않고 아무렇지 않게 당당하게 이야기를 했다. 늘 새로운 사안, 새로운 사람을 만날 때마다 과연 이번에는 어떤 멘트와 마인드로 나를 깜짝 놀라게 해줄지 기대 아닌 기대가 되기도 한다. 아이의 보호자는 더했다.

부친 경찰관님도 아시겠지만 우리 어렸을 때에만 해도 남자 애들끼리 치고 박고 싸우고 학교에 부모님들 소환 되서 학생부에서 서로 화해하고 또 놀다가 싸우고를 반복하며 다 그렇게 잘 컸는데 무슨 요즘은 쳐다봤다고, 눈이 마주쳤다고 학교폭력으로 신고를 하고, 학교에서도 가해자, 피해자로 나눠서 무슨 위원회, 회의까지 해서 시간 낭비를 하는지 이해가 안갑니다.

SPO 아버님 일단 시대가 많이 바뀌었습니다. 예전에는 '학교폭력'이란 용어 자체가 없었습니다. 아이들의 폭력 수위와 강도가 점점 세지면서 학교폭력예방법상 상대 학생에게 신체, 정신, 재산적 피해 행위를 입히면 학교폭력이 성립합니다.

부친 아니 아무리 그래도 그렇지. 그 어린 아이들 불러놓고 몇 시간씩 진술서를 쓰게 하고 회의하고 경찰서에 가서 사건 접수까지 하는 것이 옳다고 생각하십니까? 그러면 가해학생이 선도가 돼요?

SPO 꼭 가해학생에 대한 선도, 처벌 목적 보다는 앞으로 보복 행위 등 재범 방지 차원에서라도 선도 조치가 필요합니다. 가해학생이 어리다고 해서 무조건 봐주고, 아무런 조치를 하지 않으면 나중엔 더 큰 범죄로 이어지는 경우가 많습니다.

위 가해 측 보호자는 학교, 경찰 측에 지속적으로 연락하여 '이정도 사안은 학교폭력이 아님'을 적극 주장하였다. 어디선가 코칭을 받고 온 모양이다. 학교폭력 가해 측 보호자인데 정말 놀라울 정도로 당당했다. 일단 학폭위 개최 전이었고, 사안 조사 단계였기 때문에 자녀가 가해학생이 아닌 '가해관련학생' 신분이어서 그럴 수 있다고 생각했다.

하지만 이후 해당 자녀가 학교폭력 가해 행위를 한 CCTV 영상을 직접 시청하고도 아무렇지 않아하는 모습은 충격이었다. 전화기 너머로 들려오는 아빠와 아들의 목소리와 억양이 같았으며, 심지어 사용하는 단어의 수준도 흡사했다. 그리고 교내 학폭위 개최 당시 가해관련학생 측이 입장하는데 부전자전(父傳子傳)이었다. 학폭위가 진행되는 내내 앉아있는 태도부터 학폭위를 마치고 퇴장할 때까지 부자(父子)는 일관된 태도로 학폭위 위원들의 표정을 찌푸리게 했다.

가해관련학생 측이 퇴장 후 다들 같은 생각을 했고 바로 이야기를 했다. '아들이 아빠를 닮아도 너무 닮았다. 그래서 안타깝다.' 아들 입장에서 자신의 롤모델이 아빠였던 것 같다. 2020년 초 화제의 드라마였던 '이태원클라쓰'에 나왔던 대사가 생각났다.

'아이는 부모의 등짝을 보고 자라요.'

학교전담경찰관 업무를 하면서 위 대사를 꼭 활용해야겠다고 마음을 먹고 메모장에 기록해두었는데 드디어 기회가 되어 적어봤다. 위 아이는 부모의 등짝만 보고 자란 것이 아니라 부모의 전신과 더불어 내면까지 닮아버렸다.

당시 학교폭력 사건 외에 부친의 개인 업무로 인해 지방으로 이사, 전학을 갔는데 다른 아이들에게 소식을 물어보면 이사를 간 지역에서도 선배들에게는 피해자, 후배들에게는 가해자로 지내고 있다고 한다.

최근 미취학 아동을 둔 지인들과 이야기를 나누었다. 이야기 주제는 '내 자녀가 학교폭력 피해를 당한다면 부모로서 어떻게 대처할 것인가?'였다. 돌아온 대답은 '눈에는 눈, 이에는 이! 내 자녀가 당한 피해의 곱절로 되갚아주겠다.'였다. 나는 힘주어 이야기했다. 어떠한 형태로든 폭력은 절대 정당화 될 수 없다고 이야기하자 '너(필자)부터 눈이 돌아갈 것 같다.'고 한다.

지난주에 아들이 입학할 초등학교 예비 소집일에 참석했다. 학교 곳곳에 학교폭력, 사이버언어폭력, 딥페이크 범죄 예방 관련 포스터, 문구들이 보였다. 아는 만큼 보이는 것이 신기했다. 대부분의 보호자들이 학교폭력 예방 포스터 보다는 새로운 학교 시설에 감탄을 하고 있었다. 나는 포스터를 보면서 곧 입학 예정으로 들떠있는 아들에게 상대방을 때리려는 시늉을 하거나 다른 사람에 피해를 주는 행위에 대해 강하게 이야기했다. 사실 하루도 빠짐없이 학교폭력 예방교육을 하고 있었다. 가정 내에서 다른 부분은 관대한 편인데 '폭력'에 대해서는 엄격한 편이다.

아이들은 어렸을 때부터 정말 특이한 경우가 아니고서는 '내 기분이 나쁘다고 상대방을 때려도 된다.'고 그 어디에서도 교육을 받지 않는다. 그런데도 우리 아이들은 친구와 친하다는 핑계로 장난을 일삼는다. 장난과 폭력의 차이는 가해 행위자의 입장이 중요하지 않다. 피해당사자의 입장에서 받아들일 수 있다면 장난으로 볼 수 있다.

예를 들어, A가 B에게 반갑다며 어깨동무를 하며 B의 어깨를 툭 쳤다. 여기에 B도 A에게 어깨동무를 하면서 A를 툭 건드린다. 이 정도는 되어야 수평적 관계이며, 친구 사이가 맞다. 반대로 A가 B에게 어깨동무를 하는데 B가 무서움을 느끼고, 위축되고 불편하다면 학교폭력이 성립한다. 아무리 친한 친구사이거나 동성 관계, 이성 관계를 다 떠나서 가급적 상대방의 몸을 건드리지 말라고 어렸을 때부터 이야기를 해주면 좋다. 이 또한 가정 내 부모의 역할이다.

가해 측에서 흔히 실수하는 부분이 있다면 가해 측 진술 시 자꾸만 '우리 A랑 B는 어렸을 때부터 알고, 친하게 지낸 친구 사이인데 이 정도 사안으로 학교폭력 신고를 할 줄 몰랐다. 배신감을 느꼈다.'며 억울해 한다.

'친구'란, '가깝게 오래 사귄 사람'이라는 뜻으로, 어디에도 '장난을 쳐도 되는', '무시하거나 괴롭혀도 되는'이라는 뜻을 찾아볼 수 없다. 초등학교 입학을 앞둔 예비학부모들이 우리 자녀들에게 정확하게 알려주면 좋겠다.

아직도 '아빠 때는 말이야, 맨날 싸우고 화해하고 놀고 또 싸우고 치고 박고했어, 모름지기 사내아이라면 싸울 줄 아는 용기도 필요해'라며 가르치는 보호자들이 많은 것이 현실이다. 그리고 쓸데없이 새로 사귄 학급 친구가 어디 아파트에 거주하는지, 부모님 차종은 무엇인지로 친구를 나누어주지 말길 바란다. 초등학교 1학년이 'LH' 아파트를 어떻게 알까?(참고로 예비 초등학교 1학년인 아들은 아직도 길을 걷다가 'LH'를 보고는 '내 아파트'라고 읽는다.)

왜 우리 어른들이 굳이 앞장서서 아이들을 편 가르고 헐뜯게 만드는 것일까? 아이들끼리 대화를 나누는 모습을 보다가 진짜 궁금해서 물어보곤 한다. 그럴 때마다 아이들은 '아빠한테요. 엄마한테요. 삼촌한테 들었어요. 저 친구랑 어울리지 말라'고 대답한다.

그럴 때면 당황하기도 해서 다음 질문을 이어서 하지 못할 때도 있다. 속으로 '2025년의 부모님들, 어른들의 수준이 이 정도라고?'며 곱씹으며 한탄한다. 우리 부모님들께 부탁드린다. 그리고 다시 한 번 적는다.

'아이는 부모의 등짝을 보고 자라요.'

드라마 '이태원클라쓰' 중에서

대 물 림

가정폭력
아동학대
우범소년
학교폭력
촉법소년
교권침해
범죄소년
교제폭력
가정폭력
아동학대
학교폭력

물리고
울리고
우시겠습니까?

말리고
알리고
안아주시겠습니까?

뉴스를 보면 하루가 멀다 하고 가정 내 가정폭력, 아동학대, 학교 내 학교폭력, 교권침해, 사회 속에서 스토킹, 교제폭력 등 사회적 약자 관련 사안이 많이 발생한다.

하루 24시간 서로 간 웃고 즐기기에도 짧은 이 시간에 우리는 왜 이리도 인상 찌푸리고 헐뜯고 있을까? 그것도 가장 사랑하고 소중한 사람들에게

학교전담경찰관으로 '대물림' 현상을 많이 보았다.
물론 모든 가정이 물려주는 것은 아니다.

요즘은 부부싸움의 노출만으로도 자녀에게는
정서적 학대 즉 아동학대 피해를 주는 것이다.

위기청소년(학교폭력 가, 피해학생, 범죄소년 등)들과
이야기를 하다 보면, 정서적으로 아픈 친구들이 많다.
부모 간 갈등, 가족 간 장기간 대화 단절, 폭언, 폭행 등
아이들이 견디기에는
정말 말도 안 되는 언행들을 접한다.

학교폭력 가해학생 상담 차 가정방문을 했는데
엊그제
가정폭력 신고가 들어왔던 가정인 적도 많았다.

안방에선
부모상담
옆방에선
자녀상담

닭이 먼저냐 알이 먼저냐
청소년 비행이 먼저냐 부모의 학대가 먼저냐
서로의 피해에 대해서만 이야기하는 경우가 많다.

정말 많다.

물론 행복하고 화목한 가정들도 많겠지만
수년 간 보고 느낀 것들이 참 많다.

가끔은 무의식 또 가끔은 의식의 흐름대로
써보고자 한다.

숏폼(short form)의 시대에 맞춰
때론 짧게
때론 길게
술술 읽히도록 써본다.

2장
아이들은 죄가 없습니다.
자세하게

- 학교폭력, 엄연한 범죄 행위
- 학교폭력 사안 처리 절차
- '학폭위'라고 무조건 단정 짓지 마세요
- 무슨 '학폭위'가 이래
- 학교폭력 등 범죄예방교육
- 학교폭력 실태조사
- 사랑하는 엄마랑, 줄여서 '사랑'
- 가정법원 위탁보호위원

학교폭력, 엄연한 범죄 행위

　학교폭력의 예방과 대책에 필요한 사항을 규정함으로써 피해학생의 보호, 가해학생의 선도·교육 및 피해학생과 가해학생 간의 분쟁조정을 통하여 학생의 인권을 보호하고 학생을 건전한 사회구성원으로 육성함을 목적으로 한 「학교폭력예방 및 대책에 관한 법률」(약칭 : 학교폭력예방법) 제2조(정의)를 먼저 보겠다.

　'학교폭력'이란 학교 내외에서 학생을 대상으로 발생한 상해, 폭행, 감금, 협박, 약취·유인, 명예훼손·모욕, 공갈, 강요·강제적인 심부름 및 성폭력, 따돌림, 사이버 따돌림, 정보통신망을 이용한 음란·폭력 정보 등에 의하여 신체·정신 또는 재산상의 피해를 수반하는 행위를 말한다.

　학교전담경찰관은 담당 학교 학생들을 대상으로 학교폭력 등 범죄예방교육을 실시한다. 교육을 듣는 아이들이 많이 하는 질문은

　학생 그럼 집에서 엄마가 욕하고 때리는 것도 학교폭력이에요? 학교 끝나고 집에 가는 길에 모르는 아저씨한테 폭행 피해를 당하는 것도 학교폭력이에요?

　역시나 아이들은 영악하다. 예리한 질문이다. 학교폭력이 성립하려면 대상이 중요하다. 피해자가 학생이라면 장소는 중요하지 않다.

행위자도 중요하지 않다. 그래서 아동학대 범죄도 넓은 의미의 학교폭력에 해당한다고 답변을 한다. 그리고 더해서 아동학대 행위자인 성인들을 형법과 아동학대 범죄의 처벌 등에 관한 특례법으로 처벌한다고 답변해준다.

학교폭력예방법상 '학교폭력'과 모든 '청소년 범죄'를 같다고 할 수 없다. 청소년 범죄 안에 학교폭력이 큰 비중을 차지한다고 할 수 있다. 절도, 도박, 공문서부정행사, 무면허운전 등은 학교폭력 범주 안에 속하지 않는다. 아무래도 학교폭력은 피해자(피해학생)에게 직접적으로 큰 상처와 고통을 주는 행위이기 때문에 학교폭력예방법에 따로 정의했다.

학교폭력 관련 보호자들과 이야기를 나눌 때마다 이 말이 유행인가 싶을 때가 있다. 아이들 간의 어렸을 적 장난, 혹은 우연히 일어날 수 있는 해프닝 정도로 인식하고 있는 보호자들이 정말 많다. 그리고 학교폭력 가·피해관련학생의 보호자가 아니면 '내 자식만 아니면 된다. 엮이지 않으면 그것으로 됐다.'며 안도하고 뒤돌아서는 것이 요즘 현실이다.

학교폭력 목격학생, 참고인으로 진술서 작성하는 것도 꺼려할 정도이다. 지금 당장은 학교폭력 사안에 직접 연관되지 않았더라도 언젠가는 내 자녀가 2차, 3차 학교폭력의 피해자가 될 수 있음을 명심해야 한다.

2011년 대구 남중생 집단 괴롭힘 자살 사건에 대해 모르는 대한민국 국민이 없을 것이다. 가해자들의 가혹행위가 너무 잔인하여 당시 국민들이 크게 분노했다. 이 학교폭력 사안을 보고도 과연 어린 남중생 간의 장난 혹은 해프닝이었다고 말할 수 있을까? 학교전담경찰관으로서 해가 갈수록 더욱 강력하게 주장한다. 학교폭력은 결코 장난이 될 수 없으며, 엄연한 범죄 행위라고.

학교폭력 관련 피해 측 보호자가 직접 되어보지는 않았지만 그 누구보다 피해 측 보호자들과 소통을 많이 했다. 2015년부터 2019년 말까지 5년 간 담당 학교 학폭위 위원으로 학폭위만 180건 정도 참석하여 간접 경험을 많이 했다.

1년 간 1개 학교에서만 45건의 학폭위가 개최된 적도 있는데 당시 학교폭력 담당 선생님과는 지금도 종종 연락을 한다. 가끔씩 학교에 방문할 때면, 당시를 회상하며 서로 고생했다며 위로를 한다. 위로도 잠시 그 당시와 현재도 별 차이가 없는 학교폭력 현실에 대해 허탈해하며, 그 때에도 지금도 변함없이 이야기하는 것이 있다.

'아이들은 죄가 없습니다. 아이들의 주변 환경이 너무 어둡게 세팅되어 있다. 아이 스스로는 그 어둠을 걷어낼 수 없다. 그 어둠을 걷어내 주는 것이 보호자, 즉 어른의 역할인데 안타까운 경우가 너무 많다. 교사 혼자, SPO 혼자서 개선하기는 쉽지 않다. 그렇다고 아무것도 하지 않고 가만히 있다가는 더 큰 학교폭력, 더 큰 청소년 범죄로

이어질 수 있다.'

이러한 현실을 매일 보기 때문에 위와 같이 이야기할 수 있다. 그래서 아이들과 한 번이라도 더 만나서 눈을 맞추고 보호자들과도 적극적으로 '라포'를 형성하고자 한다.

모두가 '나 말고도 누군가는 하겠지.'라는 안일한 생각으로 지낸다면 아무도 하지 않는다. 2012년 학교전담경찰관(SPO) 제도가 도입된 계기가 바로 2011년 대구 남중생 자살 사건이다. 당시 중학교 2학년에 재학 중이던 남중생(당시 만 13세)이 9개월 동안 지속적인 집단 괴롭힘 피해를 견디다 못해 아파트 7층 베란다에서 투신자살하였다. 여러 방송 매체에서 접할 때마다 가슴이 먹먹해진다. 내 자식이 아닌데도 가슴이 답답해진다. 우리는 이 범죄 행위를 절대 잊어서는 안 된다. 내 자식이 아니니까 상관없다고? 말도 안 되는 소리다.

생명보다 소중한 건 없다. 학폭위 위원으로 학폭위 180건 참석 후에도 피해 측과 연락을 해보면 피해당사자 뿐만 아니라 피해학생 측 가족 전체의 일상생활이 All-Stop 되어 있는 경우를 많이 봤다. '가해학생이 학폭위에 회부되어 선도 조치를 받았고, 경찰서에 입건되어 그에 합당한 처벌을 받았으니 이 정도면 된 것 아닌가?'라고 실제로 진술하는 가해 측 보호자들이 있다. 가해자로서 자신의 범죄 행위에 대한 책임과 그에 따른 처벌을 받는 것을 피해 측에게 용서를 구했고, 화해를 했다고 혼동하면 절대 안 된다.

2015년, 학교전담경찰관 입직 후 처음 몇 차례 참석했던 학폭위를 보면서 나도 사실 처음에는 '응? 친구들 간에 이정도로 가지고 학교폭력 신고를 한다고?'라고 생각했던 적이 있다. 하지만 그 생각도 잠시, 가해, 피해 측 보호자들의 진술을 듣고 경솔했던 내 짧은 생각이 바뀌었다.

가해 측 보호자 아니 오죽했으면 우리 아이가 참다 참다 못해 때렸겠어요. 알아보니까 그 피해학생이 다른 학생들한테도 이런저런 피해를 많이 주는 것 같은데 역으로 수업방해로 신고할게요. 이런 일로 학교에 오는 것부터가 수치스러운 겁니다.

피해 측 보호자 지금 두 달 동안 이번 학교폭력 피해로 인해 가족 전체가 아무 것도 못하고 있어요. 아이는 학교에 가지 않는다고 하지. 저희는 도대체 어디에 하소연을 해야 가해 측과 완전한 분리 조치가 되는지. 왜 피해자가 숨고, 도망가고 피해자가 전학을 가야하는지 이해가 되지 않습니다. 가해자는 학폭위 조치가 별 것 아니라며 쉬는 시간, 점심시간에도 친구들하고 웃으며 떵떵거리며 노는데, 우리 아이만 죽어가고 있습니다. 사과요? 화해요? 학폭위 접수한다니까 그날 밤에 문자메시지 달랑 하나 왔습니다. 그마저도 아이가 쓴 것 같지 않고, 부모님께서 써주신 것 같아요.

라며, 피해학생과 보호자는 흐느끼며 울었다. 당시 상황이 수년이 지 났음에도 잊을 수가 없다. 그러한 상황을 하도 많이 봐서 적응이 될 법도 한데 늘 조용히 속으로 삭힌다. 피해 측 진술대로 가해 측은 전혀 반성의 기미가 보이지 않았다. 분명히 가해관련학생은 자신의 행위에 대해 반성하는 모습을 보였다. 그런데 옆에서 보호자가 반성하지 않고 힘 있게 진술하는 모습을 보더니 아이도 다른 힘을 보여주고 있었다.

위의 양 측 진술은 마주보고 하는 것이 아니다. 학폭위가 개최되면 위원장을 포함하여 위원들이 앉아 있고, 피해 측이 먼저 입장하여 진술을 하고 위원들의 질문에 답변을 하고 퇴장한다. 그 다음 가해 측이 입장하여 진술과 위원들의 물음에 답변을 한 뒤 퇴장한다. 이후 학폭위 위원들끼리 먼저 학교폭력 사안이 맞는지 아닌지 여부에 대한 결정을 한 뒤, '학교폭력 아님' 결정을 하면 바로 종결한다. 반대로 학교폭력이 성립한다면 가·피해학생에 대한 선도·보호 조치 결정을 한다. 학폭위 선도·보호 조치 결정에 대해서는 앞에서 자세하게 다루었으니 넘어가도록 한다.

학폭위에서는 이번 학교폭력 건으로 접수된 사실에 대해서만 논의한다. 그래서 가해관련학생의 이전 학교폭력 전력, 다른 친구들과의 관계 등에 대해서는 언급하지 않는다. 학폭위 초창기에는 학부모 위원들이 가·피해 측 보호자들의 마음을 헤아린다는 취지하에 가해관련학생에게 하지 않아도 될 훈계를 하거나 피해 측 보호자보다 더 많은 눈물을 쏟는 경우가 있어 학폭위 분위기가 싸늘해진 적이 종종 있었다.

당시 15~20개교를 담당하며 비슷한 학교폭력 사안에 대해 학폭위 심의를 했는데 학교마다 다른 선도 조치 결정이 나오기도 했다. 분명히 관련학생 간 화해를 했고, 피해 측에서도 사과를 받았다고 진술했다. 그런데도 당시 위원들은 '가해학생 1명이 우리 학교 분위기와 이미지를 다 망쳐놓고 있다.', '피해학생이 한둘이 아니다. 알아보니 그 학생 부모가 애한테 관심이 전혀 없다.' 이러면서 '전학' 조치로 분위기가 흘러간 적도 있다. 나는 평소에 말이 없고, 학폭위 같은 공식적인 자리에서는 더 말이 없지만 상황이 심상치 않을 때에는 용기를 내서 말했다.

SPO 가해관련학생이 이전 학교폭력 사안으로 이미 학폭위 2회 회부된 점, 가정 내 보호자의 양육이 미흡하다고 해서 무조건 '전학' 조치 결정은 아닌 것 같습니다. 피해 측 진술대로 이번 사안만 봤을 때에는 관련학생 간 이미 화해도 되었다고 하니 조금 더 논의를 해봐야 할 것 같습니다.

꼭 평소에 가만히 있다가 다 된 밥에 코 빠뜨리는 식으로 학폭위의 방향을 바꾸고자 했다. 역시나 학교마다 분위기가 다른데 나의 의견대로 방향을 바꾼 적도 있지만, 방향을 바꾸기 위해 정색까지 해가며 고군분투했지만 다수결에 따라 '전학' 조치 결정을 한 적도 있다.

담당 학교에서 가장 영향력이 센 아이를 전학 보냈더니 이 아이가 전학 간 학교에 가자마자 집단폭행을 당해 귀에 큰 상처를 입었다. 나몰라라는 식으로 전학을 보낸 학교는 무사했을까? 프로스포츠 구단처럼 맞트레이드의 형식은 아니었지만, 다른 학교에서 더 센 아이 1명이 전학을 와서 그 해에만 해당학교 학교폭력 피해자가 더욱 늘어났다. 몇 주 뒤, 학폭위에서 위원들의 한숨이 끊이질 않았다.

학폭위 위원 에휴, 지난번 학폭위 기억하세요? 경찰관님의 의견대로 전학을 보내지 말았어야 했던 것 같아요. 전학 조치는 학교 간에 맞교환되는 건가요? 그 때 경찰관님이 조금만 더 적극적으로 의견내주시지. 지금 학교에 새로 전학 온 학생이 1명 더 있는데 그 아이 때문에 학교 못 다니겠다고 하는 아이들이 많아요. 선생님들도 힘들어하세요.

평소에 말을 삼가는 이유다. 이상하게도 그 이후에 엄청 센 아이 1명이 더 전학을 왔다. 이만 줄이겠다.

학교폭력 사안 처리 절차

보호자 아니 학교폭력 접수한지가 2주가 지났는데 왜 경찰서에서 연락이 오지 않는 건가요? 아무리 기다려도 연락이 없어서 연락을 드린 것이에요.

SPO 예 어머님 접수 날짜가 언제에요? 알아봐드릴게요. (확인하였으나 신고, 접수 이력이 없다.) 어머님, 어디에 신고를 하셨어요?

보호자 정확히 2주 전에 학교에 직접 가서 학교폭력 신고 접수를 해서 무슨 위원회 개최될 거라고 들었는데 경찰서에서는 아무런 연락이 없어서요.

SPO 어머님, 학교 측과 경찰 측 사안 처리 절차가 다릅니다. 학교에 사안 접수했다고 해서 자동으로 경찰서에 사건 접수가 되는 건 아닙니다.

초, 중, 고등학교 자녀를 둔 학부모님들이 학교폭력 사안 처리 절차에 대해 대부분이 잘 모른다. 모르는 것이 당연하다. 학교폭력이 발생하지 않아서 자녀가 무사히 성인이 될 때까지 대한민국 모든 보호자들이 몰랐으면 좋겠다. 직접 학교폭력 가해 및 피해 관련학생 측 입장이 되어야 그 때부터 여기저기 알아보는 경우가 많다.

자녀가 학교폭력 피해를 당했다면 먼저 담임 선생님에게 알려야 한다. 이 초기단계에서부터 중요한데, 8년 넘게 SPO 업무를 하면서 피해 측이 원하는 대로 되지 않는 경우도 종종 있었다. 예전처럼 담임

교사가 직접 관련학생 측 보호자, 학생 면담을 통해 학교폭력대책심의위원회(약칭 : 학폭위)를 개최하지 않고, 관련학생 간의 화해, 재범방지 약속을 받고 종결하는 경우가 첫 번째 경우이다. 그 다음은 담임교사가 사안을 인지한 뒤, 교내 학교폭력담당교사에게 사안을 인계하는 경우이다. 담임교사의 기본 업무가 과중되어 있어 어쩔 수 없이 인계하는 경우도 있고, 정말 담임교사가 맞나 싶을 정도로 사안에 대해 관심이 없는 경우도 간혹 봤다. 정말 간혹 발생한다.

나는 학창시절 교사를 꿈꿨고, 모교 고등학교로 교육실습도 1개월 다녀온 경험도 있고, SPO 업무도 오랫동안 해서 학교선생님들이 얼마나 힘든지 잘 알고 있다. 실제 학교폭력 사안으로 인해 학부모에게 시달려 교실에서 쓰러지거나 장기병가를 낸 선생님들도 여럿 봤다. 선생님들이 힘든 이유가 학생들에게 시달려서일까? 교과목 수업 준비가 힘들어서? 아니다. 담임 선생님은 결국 혼자이다. 학급 내 평균 학생은 지역마다 다르지만 20~30명 내외이다. 담임 선생님 혼자서 매일 학생들의 일거수일투족을 신경 쓸 수 없다.

그래서 피해학생 측과 상담을 할 때면 학교에 방문하여 담임 선생님께 가지 말고 바로 학교폭력담당교사에게 학교폭력 사안에 대해 상담 먼저 받고, 학폭위를 접수하라고 안내를 한다. 학교마다 비슷한 학교폭력 사안에 대해 처리하는 방법이 달라서 담당하고 있는 학교 분위기에 따라 맞춤형으로 안내할 때도 있다.

담당 학교 중에서도 정말 열정적인 학교폭력담당교사 분들이 계신데 그 분들과는 활발하게 사안 공유를 하여 위기청소년 선도 및 보호 활동에 도움이 된다. 다시 한 번 강조하지만 학교에 방문하여 학교폭력 사안 접수를 했다고 해서 자동으로 경찰서에 사안이 연계되는 것은 아니다.

[학교에만 접수한 경우]

학교폭력 사안 발생 시 대개는 학교에 연락하여 관련학생 간 분리 조치와 동시에 사안 접수를 요청한다. 학교 측은 사안 조사를 하여야 하고, 관련 학생 면담, 목격학생 조사, 증거자료 수집, 보호자 면담 등을 실시한다. 그리고 학교장의 자체 해결 조건 충족 심의(학교장 종결제), 자체 해결 사안이 아닌 경우 학교폭력대책심의위원회 개최 요청 후 향후 조치 심의 및 의결을 한다. 앞에서 언급한대로 학교에 방문하여 학교폭력 사안 관련 상담 및 접수 시 학교폭력담당교사를 찾아가면 된다.

[경찰에만 접수한 경우]

학교폭력 사안 발생 시 상담 전화 117(24시간 언제든지, 국번 없이), 문자신고(#0117), 112신고, 경찰서 직접 방문 접수 등이 가능하다. 학교폭력 117신고센터에 전화를 한다고 해서 무조건 사건 접수가 되는 것이 아니다. 먼저 117센터에 상주하고 있는 전문성 있는 직원과 1차 상담 후, 117센터 측에서 종결할 수 있는 사안이면 마감을 한다. 신고자가 담당 학교 SPO와 통화를 원하거나 사건접수를 원하면, 117센터 측에서 담당 학교 SPO에게 연계 혹은 바로 수사지시를 하는데 대부분 'SPO 연계'로 신고 내용을 SPO에게 전달한다. 사안을 전달 받은 SPO가 신고자에게 신속하게 연락하여 통화 혹은 대면 면담을 통해 학교폭력 사안 절차 안내, 사건 접수를 원할 시 수사팀 연계, 가해자와의 분리 조치 희망 여부 등을 파악한다. 또한, 사건 접수와 별개로 '회복적 경찰활동' 프로그램을 소개하는 등 먼저 신고자와 통화를 한다.

학교폭력 신고자가 교사이거나 피해학생 본인이면 보호자가 117센터에 연락한 것 자체를 모르고 있을 수 있다. 그래서 피해학생과 연락하는 과정에서 보호자의 연락처를 물은 뒤, 신고자의 보호자와도 이야기를 나눈다. 피해학생은 강력하게 학교폭력 사건 접수를 원한다고 했는데 피해학생의 보호자는 "우리 아이가 일방적인 피해자가 아니라 아이들끼리 예전부터 서로 티격태격하는 것을 알고 있어요. 상대 학생 보호자들과도 아이들이 어렸을 때부터 친하게 지낸 사이로 우리 아이가 오늘 뭔가 흥분해서 117센터에 전화를 한 것 같아요. 경찰관님 시간 뺏어서 죄송해요. 아들이 117 전화한 것 취소할게요. 죄송합니다. 수고하세요."라며 황급히 전화를 끊는 보호자들도 있다. 그래도 피해학생(신고자)의 입장이 가장 중요하다. 혹시 몰라 다음날 하교 시간에 맞춰 신고자에게 다시 연락을 한다.

SPO 어제 피해 학생이 이야기했던 것처럼 상대 친구(행위자)를 사건 접수해서 처벌 받게 하고 싶어?

신고자 아니요. 어젯밤에 서로 사과하고, 오늘도 학교에서 계속 놀았어요. 신고하려고 했던 것 취소가 돼요?

SPO 그래, 이번 사안은 취소하는 것으로 하고, 혹시 다음에도 학교폭력이나 다른 필요한 사항 있으면 이 번호 학교전담경찰관 업무용 연락처니까 저장했다가 이 번호로 언제든지 연락을 주면 돼.

신고자 네 감사합니다.

위의 117 사안 처리 외에도 가해 학생 대상 형사 처벌을 원한다면 평일, 주말 할 것 없이 24시간 언제든지 경찰서에 방문하여 사안 관련 상담을 받은 뒤, 사건 접수를 통해 수사 절차대로 진행하면 된다.

[학교·경찰 모두 접수한 경우]
학교폭력 사안 발생 시 학교 측에 사안을 접수한 후 학폭위 개최 요청과 동시에 경찰서에도 방문하여 사건을 접수하는 경우가 있다. 또한, 먼저 학교 측에 사안을 접수한 후 학폭위 가해 학생 선도 조치 결정 사항을 먼저 확인한다. 가해 학생에 대한 선도 조치가 경미하다고 생각하거나, 피해 학생 측에서 원하는 선도 조치가 나오지 않았을 경우 그때서야 경찰서에 방문하여 가해 학생에 대해 처벌을 원한다며 사건 접수를 하는 경우도 종종 있다.

이 때, 피해 학생 측에서는 학폭위 심의 결과를 확인한 뒤, 가해 학생에 대한 선도 조치가 경미하다는 이유로만 경찰서에 사건 접수를 하는 것은 아니다. 학폭위 개최 전후로 가해 학생의 반성하지 않는 태도와 피해학생에 대한 보복행위 까지는 아니지만 피해 학생을 겨냥한 SNS 저격 글 게시, 뒷담화(Gossip) 행위 등을 보고 참다못해 경찰서에 사건 접수를 하는 것이다.

가해 학생 측에서는 학교폭력 사안 초기 당시 경찰서에 사건이 접수되지 않은 것에 안도하였다. 또한, 학폭위 선도 조치도 생각보다 경미한 처분을 받아 방심하고 있는 순간, 경찰서에 사건 접수된 것을 뒤늦게(학폭위 이후) 알게 된 것이다. 학교폭력 가해 학생은 학폭위가 개최된 이후에도 자신의 가해 행위에 대해 반성을 하고, 특히 피해 학생 대상 보복 행위 등 접근을 하지 말아야 한다. 반드시 가정 내 보호자가 자녀에게 매일 같이 알려줘야 한다.

학교폭력 117센터 직원과 통화 시, 117센터 측에서 학교폭력 사안이 경미하지 않고, 중하다고 판단되면 SPO 연계에 그치지 않고, 바로 수사팀 연계도 가능하다. 중대한 사안이라면 117센터를 통하지 않고 평일, 주말 구분 없이 24시간 언제든지 경찰서에 방문하여 사건 접수를 하면 된다.

또한, 학교폭력 사안 관련 면담 시, 117센터에 한 번 이야기를 하고, 같은 내용을 다시 SPO에게 말하기 번거로울 수 있다. 피해 학생은 이미 학교폭력 피해로 인해 심적으로 힘든 상황이다. 피해 학생은 학교폭력 관련 상담, 신고 시 그 당시 힘들었던 상황을 계속해서 떠올리며 진술해야 한다. 이는 피해 학생에게 더 큰 상처를 주는 것이다. 이럴 때에는 관할경찰서 여성청소년계에 전화를 해서 담당 학교 SPO와 직접 통화를 원한다고 요청하거나 SPO가 부재 시, SPO의 업무용 휴대폰 연락처를 받아서 SPO에게 직접 연락하는 방법도 있다.

개인적으로 담당 학교 SPO 업무용 휴대폰으로 연락하여 신속한 면담 후, 각종 선도 및 보호 조치를 결정하는 사안 처리 절차를 추천한다. 학교폭력 사안 초기부터 SPO와 면담을 통해 시간을 낭비하지 않고, 신속하고 정확한 사안 처리가 가능하기 때문이다.

'학폭위'라고 무조건 단정 짓지 마세요

'학폭위'가 개최되었다고 무조건 '학교폭력'이 성립하는 것은 아니다. 학교폭력대책심의위원회에 가해, 피해관련학생으로 회부되었다고 해서 무조건 가해학생 선도 조치, 피해학생 보호 조치 결정을 하는 것이 아니다. 위원회를 구성하여 사안을 심의하는데 가해, 피해관련학생 측 진술이 끝난 뒤, 먼저 학교폭력 성립 여부에 대해 심의를 한다.

학폭위 위원들의 의견이 '학교폭력 아님'이라면 선도 및 보호 조치 결정 없이 학폭위는 끝이 난다. 학폭위 개최 예정부터 학폭위 개최 후 종결될 때까지는 가해학생, 피해학생으로 단정을 지으면 안 되고 가해관련학생, 피해관련학생으로 불러야 한다. 신고자 즉 피해 측에는 피해학생, 피해관련학생이라고 지칭해도 크게 신경을 쓰지 않는다.

하지만 학폭위 가해 측 진술 시, 가해학생이라고 단정을 짓고 질문을 하다가 가해 측 보호자가 "아니 학폭위 진행 중에 결과도 나오지 않았는데 가해학생이라고 단정을 짓고 질문하는 것은 절차상 하자가 있다고 알고 있습니다."라고 하면서 불만을 토로하는 경우가 있다. 실제로 학부모 위원들 중 당황하는 위원들이 종종 있었다.

〈가해 및 피해 상황 역전 학폭위〉

담당 학교 중학교 2학년 여학생 6명 중 5명이 1명을 집단으로 따돌렸다는 사안으로 학폭위가 개최되었다. 내 기억으로는 하교 후 16:30경 학폭위가 시작되었다. 학폭위 위원으로 참석하여 피해 측 진술서를 먼저 확인하였다. 뭐든 꾸준히 오래하면 전문가 및 마스터 단계까지는 아니지만 확실히 처음 시작할 때 보다는 사안을 보는 능력이 향상되었다. 학폭위도 10건, 50건, 100건을 넘게 접하다 보면 학생들 간 비슷한 사안들을 다루게 된다.

속으로 '이정도 사안이면 2시간 이내 학폭위 종결, 관련학생이 6

명이니까 늦어도 3시간 이내 종결' 정도의 대략적인 감이 잡힌다. 당시 피해관련학생(신고자)은 학급 회장으로 탁월한 리더십과 자기주장을 확실히 표현하여 학급 친구들에게 인기도 많고, 말도 잘하는 학생이었다. 신고자는 학폭위 피해관련학생으로 입장하여서도 진술을 또박또박 잘해냈다. 여기까지만 해도 '오늘 학폭위 잘하면 1시간 30분 컷이다. 가해 및 피해 상황이 명확하다.'라고 생각하며 가해관련학생 5명과 각 보호자들 10명해서 총 15명을 한 번에 입장시켰다.

관상까지 보는 것은 아니지만 중학교 2학년 여학생 5명이 집단으로 따돌릴 정도면 학폭위 입장할 때부터 건들건들 거리며 입장하여 위원들에게 강력한 레이저 눈빛도 날릴 것이라 예상했는데 5명 모두 단정한 교복 차림이었다. 5명 모두 자리에 착석 후에도 각자 시선을 어디에 둬야할지 모른 체 두리번거리며 눈치를 보고 있었다. '어라? 방금 피해관련학생 1명이 다녀갔는데 또 피해관련학생 5명이 들어온 것 같은 느낌이네. 무슨 상황이지?' 당시 내 솔직한 심정이었다. 가해관련학생들의 진술을 들으면서 학폭위 종결 1시간 30분 컷을 예상했던 나는 긴장하기 시작했다. 5명의 학생들은 학폭위 위원들의 질문에 어쩔 줄 몰라 하며 질문에 답할 때마다 기가 죽은 체 들리지도 않는 목소리로 대답하였다. 그렇게 1시간, 2시간이 흘러도 진전이 없어 답답했던 찰나, 학폭위에 참석하여 늘 경청하는 콘셉트의 내가 질문을 했다.

SPO 혹시 지금 1명씩 오늘 이 자리에 왜 왔는지 대답해줄 수 있을까?

A 어. 그게 저는 솔직히 오늘 여기에 왜 왔는지 모르겠어요.

SPO 학폭위 개최 전에 학생부에서 학교폭력 진술서를 작성할 때는 무슨 심정으로 쓴 것이에요? 신고자가 여러분들에게 집단따돌림을 당했다는데 사실이 맞을까요?

B 아니요. 초등학교 때부터 6명이 다 친하게 지냈는데 이번에 갑자기 학교폭력 신고를 해서 놀랐습니다.

SPO 여기 5명 학생 중 자신이 학교폭력 가해 행위를 했다고 생각하는 학생이 있을까요?

C.D.E 아니요. 저희는 집단으로 괴롭힌 적이 없습니다. (조심스레) 저희가 피해자인 것 같습니다.

학폭위 위원으로 참석하면서 처음 겪는 상황이었다. '학교폭력 아님'으로 종결한 기억은 있었는데 가해, 피해관련학생이 바뀔 수도 있겠다는 생각이 처음으로 들었다. 당시 학폭위를 쉬지 않고 4시간 동안 진행했음에도 그 순간만큼은 머리가 맑아지는 느낌이 들었다.

밤 9시가 훌쩍 넘어서 학폭위 위원장에게 잠시 휴식을 요청한 후 위원들과 대화를 나누었다. 학폭위 진술서대로 믿으면 안 될 것 같았다. 지금부터는 일단 가해관련학생으로 회부된 5명을 다시 1명씩 불러내어 30분씩 집중하여 이야기를 나눴다. 5명의 진술을 모두 들으니 밤 11시 30분이 되었다. 저녁 식사도 밤 9시쯤에 김밥 한 줄 먹은 것이 전부였다. 16:30에 시작한 학폭위가 7시간이나 지난 것이었다. 5명의 아이들도 늦은 시간까지 기다리고 진술하느라 힘들었을 텐데 끝까지 용기를 내어 진술해준 것이 지금 생각해도 대견하고 고마웠다.

가해관련학생 5명 중 3명은 진술하던 중, 결국 억울함을 호소했다. 학생부에서 진술서를 작성할 때, 그리고 지금 이 늦은 시간까지 학교폭력 집단따돌림 가해 학생으로 '낙인' 찍힌 느낌을 받는 것이 서러운 나머지, 진술 중에 울음을 터뜨렸다. 도대체 학폭위 개최 전 어느 단계에서부터 꼬였던 것일까? 그리고 맨 처음 다녀간 신고자(최초 피해관련학생이라고 주장)는 눈 하나 깜빡하지 않고 자신의 진술이 모두 사실인 듯 진술하여 학폭위 위원들을 모두 속인 것이다.

6명의 진술을 정리해보았다. 학급 회장인 신고자는 최근 들어 자신의 말을 듣지 않는 5명을 스스로 벌주고자 자신을 왕따(집단따돌림) 피해자로 거짓 진술하여 학폭위 개최를 요청한 것이다. 신고자는 신고자의 보호자부터 담임 선생님, 친구들 모두를 속인 셈이었다. 그렇게 모두가 속은 나머지 결국 학폭위는 밤 12시가 지났다. 모두가 지쳤다. 학폭위 개최 8시간이 넘어가면서 배도 고팠지만 신고자가 거짓 진술을 한 것이라고 알았을 때의 허무함이 더 컸다.

또한, 학폭위 위원들 앞에 앉아 꾸벅꾸벅 졸고 있는 5명의 학생들이 신고자에게 학교폭력 피해를 당했다는 사실을 알았을 때, 순간적으로 신고자가 괘씸하게 느껴졌다. 참고로 남학생 보다는 주로 여학생 간 집단으로 무리를 이뤄 지내다가 무리 내에서 편이 갈려 무리 간 뒷담화(Gossip), 무리 내 개인 집단따돌림 사안 발생 빈도가 높은 것은 사실이다.

위 사안처럼 한 사람이 여러 명을 '가스라이팅(Gaslighting)'하는 경우도 종종 있어 특히 여학생을 둔 보호자들은 자녀의 교우 관계를 주기적으로 확인할 필요가 있다.

흔히들 '가스라이팅'이라고 하면 어른이 아이에게, 상급자가 하급자에게, 강자가 약자에게 하는 것이라고 생각하기 쉽다. 하지만 교내 10대 청소년들 사이에서도 학교폭력으로 발생하고 있다. 학교폭력 사안 중 피해 상황이 눈에 띄는 신체적 폭력보다 가스라이팅, 뒷담화, 저격 글 등 정서적으로 스트레스를 주는 정신적 폭력이 아이들에게는 더욱 치명적이다. 피가 나는 상처는 약을 바르고 치료를 하면 새살이 돋지만, 정서적으로 스며드는 스트레스 등 정신적 폭력을 수반한 피해는 그 순간 뿐 아니라 성인이 되어서도 평생 씻을 수 없는 상처로 남는다.

다시 돌아와서 위 6명 사이에서 발생한 집단따돌림 사안은 결국 신고자를 가해학생으로 판단하여 선도 조치 결정, 가해관련학생으로 회부되었던 5명을 피해학생으로 판단하여 보호 조치를 결정하였다.

학폭위 심의 이후 신고자의 보호자가 학교에 연락하여 사안을 파악한 뒤, 학교 측과 상대 학생 측 5명의 보호자들에게 모두 사과를 했다고 전달받았다. 당시 신고자를 가해 학생으로 판단한 것에 대해 신고자 측 보호자가 학교에 이의제기를 할 것이라고 예상했는데 여러모로 내 예상이 모두 빗나간 학교폭력 심의 사안이었다. 그래서 학폭위를 180건 가량 참석하면서도 기억에 남는 학폭위였다고 생각한다. 학폭위 1건이 8시간 넘게 걸렸고, 밤 12시가 넘어서 끝나 귀가하니 1시였다. 학폭위를 짧게 끝내려 관련학생들의 진술대로만 심의를 했다면 아직도 억울한 5명의 피해자와 거짓말을 성공시킨 가해자 1명의 사안으로 기억되었을 것이다. 모두가 피곤하고 허무했지만 제대로 학교폭력 사안을 심의했다는 뿌듯한 기억으로 남는 학폭위였다.

무슨 학폭위가 이래

초등학교 5학년 남학생이 온라인 게임 상에서 친구들에게 게임을 못한다는 이유로 패드립을 했다. 패드립이란, '패륜'과 '드립'의 합성어로 부모나 가족을 비하하거나 개그의 소재로 삼는 모욕성 발언을 의미한다. 학교폭력 중 언어폭력이 상당수 비중을 차지하는데 학교폭력 등 범죄 대부분이 우리의 '입'에서 시작된다.

당사자 간 욕설 행위를 하였다. 이 과정에서 본인에 대한 별명과 말장난은 그럭저럭 참다가도 부모님에 대한 비하 발언을 시작하는 순간 분노가 폭발하여 직접 대응한 것이다. 이렇게 학교폭력 가해 학생이 되는 경우가 많다. 이러한 경우에는 어떻게 해야 할까? 아예 자녀의 스마트폰 압수와 교우관계 차단을 통해 말 그대로 '소통'을 단절시켜버리는 보호자도 간혹 있다. 이는 단기간에 친구들 간 사이버상 언어폭력은 예방할 수 있으나 부모와 자녀 간 잦은 신경전이 발생할 가능성이 높다. 보호자가 자녀에 대해 하나부터 열까지 모두 신경을 써야하기 때문에 보호자로서 에너지와 시간을 많이 써야한다.

요즘 아이들은 어떻게든 소통을 해야 하기 때문에 스마트폰 압수 등 강압적으로 막는다고 해서 쉽게 받아들이지 않는다. 어떻게든 스마트폰 공기계를 구매하거나 잦은 외박 및 가출 등 또 다른 소통 방안을 찾아 나선다.

위 5학년 남학생은 어렸을 적 부모에 대한 기억에 대해 묻자, "엄마, 아빠는 어딜 가든 스마트폰 게임을 하며 욕설 행위를 하는 모습이 기억에 많이 남는다."고 진술했다. 이에 대해 보호자는 아이 앞에서 스마트폰 게임을 종종 하긴 했는데 그 때마다 욕은 하지 않았다고 한다. 굳이 누구의 기억이 맞았고, 잘잘못을 따지려고 하는 것은 아니었다. 그래도 퍼즐을 맞춰본 결과, 아이의 기억이 100% 다 맞았다. 아이는 어렸을 때부터 게임을 할 때에는 욕설 정도는 해도 되는 것으로 인지하며 자랐던 것이다.

위 사안으로 학폭위가 개최되었다. 학폭위 시작 전 사안에 대해 이야기를 나누는데 학폭위 간사가 "가해관련학생 보호자가 학교에 여러 차례 방문했는데 그 때마다 심한 욕설과 소리를 지르고 가셨습니다. 이 점 참고해주시기 바랍니다."고 사전에 긴장감을 심어주었다. 이 긴장감 덕분에 가해관련학생 측 입장 후 질문과 대답을 하는데 뭔가 오묘한 분위기가 흘렀다. 가해관련학생 측 진술이 막바지로 갈 즈음, 학부모 위원 한 분이 이전 학폭위 때와 비슷한 느낌으로 앞에 앉아 있는 보호자와 학생에게 앞으로는 더 잘되었으면 하는 취지로 대화를 시작하였다.

학부모 위원 초등학교 5학년이면 아직 어린 나이이기 때문에 이번 사안을 계기로 친구들에게 패드립, 욕설 행위를 하면 오늘처럼 학폭위가 개최될 수 있음을 명심해주세요. 그리고 옆에 계신 어머님께서도 아이 앞에서는 가능한 한 스마트폰 사용과 욕설을 자제해 주시기를 부탁드리고자 말씀드렸습니다.

가해 측 보호자 예? 지금 보호자인 저를 훈계 하는 건가요? 제가 학교폭력 했어요? 제가 패드립을 했나요? 아니잖아요. 아이 앞에서 스마트폰 안하세요? 여기가 훈계하는 자리인가요? 몇 십분 째 이렇게 불편하게 앉혀놓고 취조하는 것도 아니고, 아니 X발 무슨 학폭위가 이래? (아들에게) 야, 가자

보호자는 아들과 함께 퇴장하면서 위원회실의 문을 박차고 나갔다. 질문을 한 학부모 위원은 놀란 표정으로 어쩔 줄 몰라 했고, 나를 포함한 위원들도 모두 처음 겪는 일이라 흥분한 가해 관련 측 가족을 귀가시켰다. 정확히 말하자면 귀가 조치가 아니라 그들이 스스로 귀가한 것이었다. 보호자가 문을 박차고 나간 부분은 가해 학생에 대한 선도 조치 결정 시 전혀 고려할 사항이 아니었다. 우리는 학교폭력 사안만을 보고 심의하였다.

가·피해학생에 대한 선도 및 보호 조치 결정을 마친 후, 우리는 다시 한 번 가해 학생에 대한 우려스러운 대화를 나누었다. 가정 내에서 아동학대의 피해를 겪고 있었고, 학교에서는 폭력의 가해자로서 이리저리 치이며 힘든 상황에 처해 있었다. 이후 이 학생은 중학교에 진학한 후에도 잦은 학폭위 사안으로 회부되었다. 전학 조치를 받지 않았지만, 보호자의 직업 특성상 다른 지역으로 이사를 가야 하는 상황이 발생하여 결국 전학을 하게 되었다.

어릴 적부터 그 가족의 평소 행실이 동네에서 소문이 나 있었기에, 학교 관계자와 또래들은 이 소식에 밝은 표정들을 지었다. 또래 아이들의 밝은 표정에 나도 한편으로는 안도했지만, '그 아이는 지금 어떻게 성장했을까? 잘 지내고 있을까?'라는 생각이 종종 든다. 학교 친구들이 그 아이를 대놓고 불편해한 것은 사실이지만, 이것이 그 아이만의 잘못이었을까? 아니면 그 보호자의 잘못이었을까? 안타까운 상황에서 누가 잘했고 누가 잘못했는지를 따지는 것을 좋아하진 않지만, 되돌아보면 당시 보호자의 아동학대 행위와 스마트폰 중독 문제가 시작점이었다고 생각한다. 결국, 이는 자녀를 학교폭력의 가해자로 만든 셈이다.

가해 측 보호자라고 해서 모두가 위원회실의 문을 발로 차거나 어디서나 자녀에게 폭언과 폭행을 일삼는 것은 아니다. 지금까지 만난 보호자들 중 극소수의 사례를 언급하고 있는 것이다. 그리고 앞으로도 이러한 사례가 극소수이길 바란다. 보호자가 문을 박차고 무언가를 부술 때, 심한 욕설을 할 때, 옆에 있는 자녀에게 미칠 악영향을 먼저 고려하길 바란다. 그 순간, 부모에게 힘내라고 외치는 자녀는 없을 것이다.

지금도 순간 욱하고 분노가 치밀어 오르는 것을 참지 못하겠다며, 지금까지 살아온 대로 나 혼자 편하게 살겠다고 큰소리치는 극소수의 어른들이 존재한다. 그들의 의사도 존중한다. 아무도 없는 곳에서 '혼자' 지낼 때에는 그렇게 원래 모습대로 지내도 상관없다.

하지만 어린 자녀가 있는 경우, 사람들과 어울릴 때에는 책임감 있는 어른의 모습을 보여주고, 잘못한 부분에 대해 인정하고 사과하는 태도를 갖기를 바란다. 그것이 진정한 어른의 모습이다.

학교폭력 등 범죄예방교육

SPO는 가장 기본적인 업무인 '학교폭력 예방 활동'의 일환으로, 담당 학교의 학생들을 대상으로 학교폭력 예방 교육을 실시하고 있다. SPO는 전문 강사는 아니지만, 학교 측과 협력하여 일정을 조율하며 학교폭력 예방에 힘쓰고 있다. 예방 교육을 진행하기 전에, 학교 측과 함께 대상 학년, 강의 장소(방송, 대강당, 학급별 교육 등), 강의 시간 등을 구체적으로 논의한 후 강의를 진행한다.

> 「학교폭력 예방 및 대책에 관한 법률」 제15조(학교폭력 예방교육 등)
> ① 학교의 장은 학생의 육체적·정신적 보호와 학교폭력의 예방을 위한 학생들에 대한 교육을 학기별로 1회 이상 실시하여야 한다.

위 법률에 따라 학교에서는 주로 신학기 초인 3~4월과 8~9월에 각각 1회씩 학교폭력 예방 교육을 실시한다. 학교폭력이 가장 많이 발생하는 시기는 입학 시즌인 신학기 초인 3~4월이다. 학교 측에서는 담당 학교 SPO와 일정 조율을 통해 교육을 진행하거나 전문 강사를 초빙하여 교육을 실시하기도 한다.

SPO 입장에서는 담당하고 있는 모든 학교를 방문하여 교육을 진행하는 것이 이상적이지만, SPO 1인당 평균적으로 10~12개의 학교를 담당하고 있어 학기 초에 모든 학교와 일정을 조율하는 것이 쉽지 않다. 각 학교는 1년 커리큘럼을 미리 계획하기 때문에, SPO와 학교 간의 일정 조율이 이루어지지 않을 경우 서로 아쉬움을 느끼게 된다.

그러나 아쉬움 때문에 포기할 수는 없다. 어떻게든 학교 측과 연락하여 1교시 시작 전 신속하게 학교를 방문해 방송으로 10~20분 동안 교육을 진행하거나, 그마저도 어려운 경우에는 SPO가 직접 10분 내로 짧은 학교폭력 예방 교육 영상을 제작하여 담당 학교에 전달한다.

학기 초에는 학교폭력이 가장 많이 발생할 뿐만 아니라, 학교 측도 학급 편성, 각종 예방 교육, 학부모 총회 행사 등으로 정신없이 바쁘다. 예전에는 학부모 총회 때 짧게나마 시간을 할애하여 학부모를 대상으로 학기별로 1회씩 예방 교육을 실시했던 적이 있다. 신학기 초에는 학교와 SPO 모두 바쁘기 때문에, 전년도 학교폭력 사안 발생 비중을 정리하여 가급적 중학교, 고등학교, 초등학교 순으로 예방 교육 일정을 조율하는 편이다.

예방 교육은 10~20분의 짧은 방송 교육보다는 초·중·고등학교의 1교시 학급 시간에 맞춰 가능한 한 효과적인 학급별 교육을 진행하고 있다. SPO는 혼자서 수많은 학급을 대상으로 교육이 가능한지에 대해 자주 질문한다. 솔직히 말해, 혼자서 모든 학급을 대상으로 교육을 진행하는 것은 현실적으로 불가능하다.

학교전담경찰관 업무는 결코 개인이 혼자 수행할 수 없으며, 반드시 '팀제'로 운영되어 서로 협력해야 한다. 가능한 한 같은 학급을 대상으로 같은 시간대에 SPO 팀이 1학급씩 들어가 예방 교육을 진행한다. SPO 혼자서 하루에 1~4교시마다 교육을 진행하는 것은 피로

감을 초래할 수 있으며, SPO의 업무는 예방 교육만으로 한정되지 않는다.

10년 전 SPO 제도가 처음 도입되었을 때, SPO의 홍보를 위해 학교를 한 번이라도 더 방문하여 아이들과 소통해야 했다. 당시에는 SPO의 인지도를 높이기 위한 조직 내부의 성과가 있었지만, 이제는 이벤트성 캠페인을 지양하고 실제 학교폭력 및 청소년 범죄와 관련된 위기청소년 선도와 보호에 집중하는 방향으로 변화하였다. 이러한 이유로 일반 예방 교육조차 실시하지 않는 SPO도 간혹 있다고 한다.

언제부턴가 학기 초라고 하더라도, 담당 학교에서 일반 학생을 대상으로 한 예방 교육 협조 요청이 있어도 일반예방교육은 지양하고, 위기청소년을 위한 특별예방교육 중심으로 교육을 실시하는 곳이 많아졌다. 거듭 강조하지만, SPO 업무 중 예방 교육은 일부에 불과하며, 개인별로 맡고 있는 다른 업무들도 많기 때문에 학교 측의 요청을 어쩔 수 없이 거절해야 하는 경우가 있을 수 있다.

SPO마다 다르지만, 신학기 초 외의 기간에도 학교 측에서 예방 교육을 요청하면 나는 무조건 'YES'로 응답한다. 3~4월 신학기 초에 학교폭력 발생 빈도가 가장 높은 것은 사실이지만, 1년 내내 꾸준히 발생하는 점도 사실이다. 학교에서 예방 교육을 요청한 일정에 개인 업무가 예정되어 있으면, 학교 측과 조율하여 다른 날짜로 변경해서라도 어떻게든 교육을 진행하고자 한다.

2020년 3월, 각 학교에서 실시하던 학폭위가 교육지원청으로 이관되었고, 그 시기에 코로나19 사태가 시작되면서 SPO가 학교를 방문하여 학생들과 만날 기회가 급격히 줄어들었다. SPO는 어떻게든 아이들과 소통해야 한다고 생각하기에, 학교에서 예방 교육 요청이 들어오면 적극적으로 실시한다. 또한, 담당 학교의 학교폭력 담당 선생님과 '라포'가 형성되면 교내 위기청소년 현황, 학급별 학교폭력 발생 비율, 학년별 분위기, 나아가 가정폭력, 아동학대 범죄 사실까지도 공유할 수 있다. 이를 통해 예방 교육에 그치지 않고 위기청소년의 선도 및 보호까지 가능해진다.

[학교폭력 예방 교육 자료]

사범대를 졸업한 후, 학원 강사와 과외를 통해 아이들과 많이 소통했지만, 교육 자료 제작이나 프로그램 활용 경험은 없었다. 학교전담경찰관 경력경쟁채용 1기라는 이유로 무언가를 보여줘야 한다는 부담감이 있었다. 또한, 교육 실습 중 1시간 수업을 진행하기 위해서는 최소 3시간의 준비가 필요하다는 것을 배웠다. 그래서 학교폭력 등 범죄 예방 교육 자료를 찾아 1페이지씩 제작했다.

경찰청은 각 경찰서의 SPO들에게 학교폭력 예방 교육 자료를 제공한다. 내가 직접 만들지 않으면 아무리 알차고 화려한 교육 자료라도 강의를 할 때 어색함을 느낀다는 것을 그때 깨달았다. 10년이 지난 지금도 내 자료는 화려하지 않지만, 항상 조금씩 다르게 구성된다. 그 이유는 아래와 같다.

2019년 3월, OO초등학교 4학년 학급에서 학교폭력 예방 교육을 시작하기 위해 준비한 자료를 화면에 띄웠다. 그 순간, 뒤쪽에서 한 남학생이 "어? 저거 1년 전에 봤는데, 설마 똑같은 건가?"라고 말하는 것을 듣고, 나는 순간적으로 당황스러운 기억이 떠올랐다. 물론 내가 잘못한 것은 아니지만, 그 순간만큼은 뭔가 지적을 당하는 기분이었다. 돌이켜보면, 정확히 1년 전 초등학교 3학년 때 들었던 예방 교육이 기억날 정도로 열심히 참여해준 것이라고 생각한다. 그때부터는 정말 바빠서 내용 수정을 하지 못하더라도, 맨 앞장 표지라도 바꿔서 준비해 간다.

SPO로서 경험이 쌓일수록 학교폭력 예방 교육 일정을 조율할 때, 담당 선생님에게 먼저 문의한다. "해당 학년에서 주로 발생하는 문제는 무엇인가요?" 또는 "제가 교육할 때 특별히 강조해야 할 부분

이 있다면 교육 자료에 반영하겠습니다."라고 말하면, 담당 학교에서도 적극적으로 강의 자료 요청을 해준다. 이렇게 자연스럽게 신학기 초의 형식적인 예방 교육을 넘어, 학교, 학년, 학급별로 맞춤형 예방 교육을 실시할 수 있다.

[학교폭력 예방 등·하굣길 캠페인]

'무슨 경찰관이 학교 앞에서 피켓을 들고 예방 캠페인이나 하고 있는지'라는 말을 조직 내에서 자주 들었다. 당시 모든 학교가 그런 것은 아니지만, 몇몇 학교에서는 교장선생님, 교감선생님, 교무부장 선생님 총 3명만 나와서 경찰서 여성청소년계 직원(최소 5명 이상)들과 함께 캠페인을 진행한 적도 있었다. 학교 정문 앞에서 진행되는 학교폭력 예방 캠페인에서는 학교 선생님들보다 경찰서 경찰관들이 더 많은 경우도 있었다.(학교마다 분위기가 많이 다르다.) SPO가 학교 업무에 지나치게 개입하는 것에 대해 여기저기서 우려의 목소리가 많았다. 아침 등굣길에 학교전담경찰관을 보며, 학교폭력이 1건이라도 감소하길 바라는 마음으로 열심히 활동했다.

2015년 당시에는 낯가림이 심했기 때문에, 등굣길 캠페인에서 아이들과 하이파이브를 하는 데에도 큰 용기가 필요했다. SPO 경력경쟁채용 1기로서 더 적극적인 모습을 보여야겠다는 마음으로 임했던 것 같다. 조직 내에서 SPO에 대한 시선이 긍정적이지 않았던 것도 어떻게 보면 자극제가 되었던 것 같다. 반면, 학교폭력이나 청소년과 관련된 기관인 학교, 교육청, 상담복지센터, 청소년수련관 등에서는 SPO 제도에 대해 긍정적인 반응을 보였고, 기관 간의 소통도 활발했다.

학생 안녕하세요. 오늘 아침에 등교 시 경찰관 분들께서 밝은 모습으로 인사해주셔서 감사한 마음에 연락드렸습니다. 학교폭력과는 상관없지만 요즘 집에서 엄마와 갈등이 있었는데 뭔가 아침부터 든든한 느낌이 들었습니다. 감사합니다.

선생님 학부모, 교사들로만 학교폭력 예방 캠페인을 하는 것보다 확실히 학교전담경찰관 분들이 함께 해주는 것이 아이들에게 효과가 더 좋은 것 같습니다. 특히, 학교폭력 피해학생 중에 아침 등교 때부터 경찰관 분들이 계셔서 든든하고, 뭔가 경찰관에 대해 친근함을 느낄 수 있다고 합니다. 매일 오시는 것은 힘드시겠지만 종종 와주셔서 아이들을 응원해주세요. 늘 감사합니다.

학교폭력 사안 발생 후 위기청소년 선도와 보호도 중요하지만, 그 이전에 교육, 캠페인, 첩보 수집 등 학교폭력 예방 활동이 더욱 중요하다고 생각한다.

「학교폭력 예방 및 대책에 관한 법률」 제20조의6(학교전담경찰관)
① 국가는 학교폭력 예방 및 근절을 위하여 학교폭력 업무 등을 전담하는 경찰관을 둘 수 있다.
② 제1항에 따른 학교전담경찰관의 운영에 필요한 사항은 대통령령으로 정한다.

학교폭력 실태조사

학교폭력 실태조사는 「학교폭력예방 및 대책에 관한 법률」 제11조에 따라 교육감이 학교폭력의 실태를 파악하고 효율적인 예방 대책을 수립하기 위해 연 2회 이상 실시해야 하며, 그 결과를 공표해야 한다. 학교폭력 실태조사는 학생들의 자발적 참여를 원칙으로 하여 온라인과 모바일을 통한 설문조사로 진행된다.

교육부 자료에 따르면 2024년 1차 전수조사 참여율은 81.7%, 2023년 2차 표본조사 참여율은 72.6%로 모두 최근 3년 간 감소 추세이다. 또한 2024년 1차 전수조사와 2023년 2차 표본조사 모두 피해응답률은 전년 동차 대비 상승하였으나, 최근 3년간의 증가세는 둔화되고 있다.

학교폭력 실태조사 피해 유형 중 가장 높은 응답을 보인 유형은 '언어폭력'이다. 언어폭력 비율이 39.4%(초 39.0%, 중 40.0%, 고 41.3%)로 고등학교, 중학교, 초등학교 순으로 비율이 증가했다. 초등학교 1학년 때부터 학교폭력 등 범죄예방 교육을 수없이 받았기 때문에 상대방의 신체를 때리는 '신체폭력'의 비중은 감소하는 추세이다. 한편, 2024년 1차와 2023년 2차 모두 비중이 증가한 유형으로는 집단따돌림, 성폭력, 금품갈취 등이 있다.

아이들은 어렸을 때부터 상대방의 신체를 때리거나 건드리는 것만으로도 '폭력'이 성립한다는 사실을 이미 인지하고 있다. 그들은 상대 학생을 괴롭히고 싶지만 학교폭력으로 신고당하지 않기 위해 교묘하게 집단으로 정신적 피해를 입히는 행동을 한다. 이러한 정신적 피해와 스트레스를 주는 행위에는 쉬는 시간에 교실이나 복도에서 피해학생에 대한 뒷담화를 들릴 듯 말 듯 속삭이기, 눈이 마주치면 비웃기, 째려보기, 모욕, 명예훼손, 험담하기 등 언어적 및 비언어적 표현이 포함된다.

다음으로 학교폭력 피해학생 중 피해 행위를 신고하지 않는 이유로는 '일이 커질 것 같아서'가 23.9%(초 25.4%, 중 20.1%, 고 21.0%)로 제일 높았고, '별일이 아니라고 생각해서'가 21.5%(초 19.5%, 중 27.1%, 고 23.6%)로 다음으로 높았다. 아이들이 답한 '일이 커질 것 같다.'라는 것은 부모에게 피해 상황을 알렸을 경우, 부모가 무조건 피해 학생의 편이 아닌 "너는 학교생활을 어떻게 하길래 학교에서 보호자 출석하라고 전화가 와? 내가 너 그렇게 가르쳤어?"라며 다그치는 경우가 있다. 아이 입장에서는 보호자가 자신을 걱정할까 봐 혹은 사건이 접수되면 보호자가 회사에도 가지 못하고 시간을 따로 내야하기 때문에 당장 자신의 피해 상황을 알리기보다는 어떻게든 스스로 해결하거나 버텨보려고 했던 것이었다.

그 힘든 상황에서도 아이들은 부모의 입장, 상황 등을 생각해서 참다가 못해 용기를 내서 알린 것이다. 그런데 피해 학생에게 돌아오는 답이 훈계, 잔소리라면 앞으로 피해 학생은 입을 다물고 자신의 방문을 걸어 잠글 수밖에 없다.

학교폭력 실태조사 가해 경험 중 가해 이유 설문이 있다. 이 중 '장난이나 특별한 이유 없이'가 31.5%(초 30.3%, 중 36.0%, 고 27.8%)로 압도적으로 높았다. 상대 학생의 도발에 대한 방어 행위, 혹은 상대방과의 갈등을 겪다가 사안이 발생하는 것이 아닌 말 그대로 '장난 혹은 그냥' 가해 행위를 했다는 것이다.

'우리 아이가 어렸을 때부터 산만하다는 소리를 듣고 자라기는 했는데 선생님 말씀처럼 이 정도로 심각한 줄은 몰랐네요. 선처를 해 주세요.'라며 자녀의 학교폭력 행위를 단순 경미한 사안으로 인식하고 형식적인 사과 한 마디로 넘어가려는 경우도 종종 있다. 앞에서 '내장남폭'(내가 하면 장난 남이 하면 폭력)과 같이 '어렸을 때부터 원래 장난기가 많았다.', '집에서도 아빠랑 과격하게 몸싸움을 하는 편인데 습관처럼 친구들한테도 힘을 쓴 것 같다'라며 얼버무리며 넘어가는 경우도 많다.

그 한 번의 장난 행위로 인해 피해 학생과 그 가족의 일상이 한순간에 마비가 되어버린다. 피해 학생은 밤마다 잠을 이루지 못하고, 따로 시간을 내어 병원에 가서 심리 치료를 받고, 약까지 복용을 한다. 시간은 시간대로 허비하고, 경제적인 부담까지 피해 측이 모두 떠안는 셈이다.

학교폭력 실태조사 결과를 보면서 희망적인 부분도 발견했다. 2024년 1차 전수조사와 2023년 2차 표본조사에서 모두 피해 사실을 '주위에 알리거나 신고한 응답'과 목격 후 '알리거나 도와줬다'는 응답 모두 증가했다는 점이다. 학교폭력 등 범죄 예방 교육 시 학교폭력 신고, 상담 전화 117, 112 적극 홍보 등 예방 효과가 나타난 것으로도 볼 수 있다. 아무리 예방 교육과 홍보를 한다고 하더라도 아이들이 직접 학교폭력 사안을 알리지 않고, 신고하지 않았다면 학교폭력은 더 많이 발생했을 것이다. 용기를 내어 신고해 준 아이들이 대견하다.

목격 경험 중 '목격 후 행동' 설문에 '피해학생을 위로하고 도와주었다'가 35.8%(초 35.0%, 중 31.7%, 고 34.7%)로 가장 높았다. 다음으로 '가해자를 말렸다' 응답이 17.4%(초 19.9%, 중 15.1%, 고 11.5%)로 목격 경험의 절반인 50% 이상이 학교폭력 사안에 대해 방관하지 않은 것도 나타났으며, '아무 것도 하지 못했다'가 30.5%로 나타났다. 앞으로 이 30%를 줄이고자 우리 모두가 노력해야 할 것이다.

여기서 초, 중, 고등학생 자녀를 둔 보호자들이 과연 얼마나 학교폭력 실태조사에 대해 관심이 있을까? 학교폭력 실태조사의 조사 대상은 초등학교 4학년부터 고등학교 3학년까지다. 조사기간은 2024년 4월 15일부터 5월 14일까지 약 1개월이다. 조사내용은 2023년 2학기부터 응답 시점까지의 학교폭력 피해, 목격, 가해 경험 등을 평가하기에 '적시성' 있는 조사로 보기는 힘들다.

학교폭력 실태조사 내용 관련하여 보호자들과 이야기를 나눠보면, 아이들끼리 싸운 사실은 맞지만 바로 화해를 하고, 현재는 잘 지내고 있는데 이것을 학교폭력으로 체크를 해야 하는 것인지 의문이라는 점이다.

예를 들어 초등학교 4학년 남학생이 학교폭력 실태조사에 응답한 것을 토대로 면담을 해보면, '아, 그 친구랑 유치원 때 싸운 것이었어요.', '초등학교 1학년 때 피해를 당했는데 지금은 전학 가고 없어요.'라고 답하는 등 학교전담경찰관으로서 담당학교 학교폭력 실태조사 결과를 내부 업무용 시스템에 입력 후 참고용으로만 확인하고 있는 실정이다.

평소 경찰, 학교 간 학교폭력 사안 공유 등 원활한 소통 관계에 있다면 업무적으로 수월하다. '학생이 등교 시 칼, 흉기를 소지하고 다닌다.' 등의 긴급사안 발생 시 학교 측과 협의하여 각 학년, 각 학급마다 전수조사를 실시한다. 사안을 신속하게 파악 후 사후 대책을 수립한다. 대책 수립이라고 해서 거창할 것도 없다. 대상 학생을 학교, 경찰 측에서 집중 관리하겠다는 것이다. 관련학생 보호자와도 연락하여 가정 내 생활은 어떤지 등을 파악하여 위기청소년 한 명을 대상으로 지역사회 모두가 관리하는 것이다.

또한, 향후 재발 방지를 위해 흉기를 이용한 학교폭력 등 범죄 예방 교육을 실시한다. 청소년 범죄는 또래 간 모방 범죄 등 유행할 수 있어서 관내 다른 학교 대상으로도 유사 범죄 사례가 있는지 파악 후 교육을 실시하는 등 예방 활동을 전개한다.

〈학교폭력 실태조사 개요〉

※ **학교**에서 발생하는 **폭력**의 유형과 모습을 파악하는 교육청의 **실태조사**

구분	2024년 1차 전수조사	2023년 2차 표본조사
조사기간	2024.4.15.~5.14.	2023.9.18.~10.17.
조사대상	초4~고3 재학생 전체 398만명	초4~고2 재학생 중 표본 4%(약19만명)
조사내용	2023년 2학기부터 응답 시점까지의 학교폭력 피해·목격·가해 경험 등	2023년 1학기부터 응답 시점까지의 학교폭력 피해·목격·가해 경험 등
조사기관	전국 17개 시도교육청(전북교육청은 2021~23년 미참여) ※위탁 : 한국청소년정책연구원(개발·분석), 한국교육학술정보원(온라인조사 시스템 운영)	

학교폭력예방 및 대책에 관한 법률 제11조(교육감의 임무)
⑧ 교육감은 학교폭력의 실태를 파악하고 학교폭력에 대한 효율적인 예방대책을 수립하기 위하여 학교폭력 실태조사를 연 2회 이상 실시하고 그 결과를 공표하여야 한다.
⑫ 제1항에 따라 설치되는 전담부서의 구성과 제8항에 따라 실시하는 학교폭력 실태조사 및 제9항에 따른 전문기관의 설치에 필요한 사항은 대통령령으로 정한다.

같은 법 시행령 제9조(실태조사)
① 법 제11조제8항에 따라 교육감이 실시하는 학교폭력 실태조사는 교육부장관과 협의하여 다른 교육감과 공동으로 실시할 수 있다.
② 교육감은 학교폭력 실태조사를 교육 관련 연구·조사기관에 위탁할 수 있다.

사랑하는 엄마랑, 줄여서 '사랑'

코로나19 사태 전에는 5월 어버이날, 설날·추석 등 명절을 맞이하여 '사랑하는 엄마랑'을 줄여서 '사랑' 특별선도 프로그램을 기획하여 여러 차례 진행한 적이 있다. 대부분 특별교육이라고 하면 보호자는 보호자끼리 학생은 학생끼리 각자 따로 교육을 받았는데 학교전담경찰관 3년 차부터는 청소년 범죄가 아이들만의 문제가 아님을 깨달았다. 이후부터 어떻게든 바쁜 보호자들을 경찰서로 초청하여 가족 행사를 진행하였다.

결론부터 말하면 나의 진심은 통했다. 부모와 자녀가 모두 참석해야하기 때문에 모두의 동의를 구해야했다. 보호자에게 먼저 '사랑' 특별선도 프로그램의 취지를 설명하고 동의를 구하고자 하면 "에이, 우리 애하고 가족 상담을 하고, 레크리에이션을 한다는 생각만 해도 낯간지러운데요. 우리 아들이 안 한다고 할 거에요. 아이한테 물어봐 주시고 아이가 한다고 하면 연락주세요."라고 대답을 한다.

이번엔 자녀에게 특별선도프로그램 참여 의사를 물어보는데 "저는 상관없는데 엄마가 시간이 없으실 거예요. 지금까지 학교 행사에도 한 번도 온 적 없어요. 그리고 괜히 제 사건 때문에 엄마가 경찰서에 와야 하는 것도 기분이 좋지 않습니다. 경찰관님께서 엄마한테 물어봐 주세요. 저는 엄마가 한다고 하면 저도 하겠습니다."라고 아이들이 대답한다.

이 아이에게서 부모에 대한 배려, 걱정, 서운함, 죄송함, 자기반성하는 모습이 느껴졌다. SPO의 업무를 돌이켜보면 아무래도 상대방을 설득해야 하는 영업직 느낌이 든다. 하루에 학생·보호자와 수십 통의 전화를 한다. 보호자가 특별선도 프로그램에 동의를 해놓고 당일에 불참하는 경우가 종종 있다. SPO의 요청에 일단 응한 뒤 특별선도프로그램 일정이 다가올수록 고민을 하다가 결국 불참한다는 연락이 오기도 하고, 경찰관의 수차례 전화 요청으로 마지못해 참석하는 보호자들도 있다. SPO 입장에서는 일단 경찰서에 방문하여 특별선도 프로그램에 참석해주는 것만으로도 감사하다.

경찰서에서 진행하는 특별선도 프로그램은 필수로 참석하지 않아도 된다. SPO의 안내에 따라 대상자 본인들이 선택하는 것이다. 현재의 삶보다 조금 더 나은 삶, 개선된 삶을 꿈꾸는 보호자, 자녀가 함께 참여하기 때문에 특별선도 프로그램을 기획하는 SPO와 SPO를 도와주는 외부 강사 선생님들도 평소보다 더 열정적으로 임해주신다.

특별선도 프로그램은 처음 만난 여러 가족을 대상으로 하여 아이스브레이킹으로 어색한 분위기를 깨뜨린다. 선도프로그램의 장소는 경찰서 대강당, 소회의실, 청소년 경찰학교, 청소년수련관 등이다. 여러 레크리에이션 활동 그리고 서로를 알아가는 집단 미술치료 상담, 가족 상담 등을 실시한다. 특별선도 프로그램에 참여한 대상자들의 만족도가 매우 높을 수밖에 없다.

프로그램 중 마지막으로 준비된 보호자와 자녀가 어색하게나마 손을 잡고 가족 사진을 찍는데 얼마만의 가족사진이고, 또 얼마만의 가족 간 스킨십인지 어색했던 분위기도 잠시 뿐이다. 특별선도프로그램에 참석한 보호자들의 눈시울이 붉어지는 시간이다.

특별선도 프로그램 기획 시 '어머님들의 눈물'은 시나리오에 없던 부분이었는데 다음 특별선도 프로그램부터는 '어머님들의 눈물'을 중간에 끼워 넣었다. 그리고 진짜 하이라이트는 SPO가 특별선도 프로그램 참석 안내 및 동의를 구할 때부터 보호자와 자녀에게 각각 몰래 편지를 써달라고 엄청난 부탁을 한다. 장문의 편지가 아니어도 좋으니 진심을 담아 한 줄이라도 꼭 써와달라고 요청한다. 편지 쓰기를 부탁하지 않았으면 서운했을 정도로 편지 한 장을 빼곡하게 적어 와서는 자녀들의 눈물을 쏙 빼놓는다. 나의 MBTI가 ISFJ 인지라 그 순간마다 가슴이 뜨거워진다. 나는 눈에서 눈물이 나오려다가도 나까지 눈물을 흘리면 분위기가 어색해질 것 같아 부랴부랴 눈물을 훔쳤다.

SPO가 자체 계획한 경찰서 특별선도프로그램이 일회성이 아닌 다회기로 꾸준히 진행되면 더 할 나위 없이 좋겠지만 현실적으로 외부강사 초빙, 보호자, 자녀 등 여러 사람의 일정을 맞추기가 쉽지 않다.

코로나19사태 이전에는 토요일 등 주말, 휴일에도 프로그램을 기획하여 각종 선도프로그램 진행하였는데 현재는 그러지 못해 아쉬울

따름이다. 그리고 경찰서에서 진행하는 선도 조치 관련해서 보호자를 필수로 참석시킬 관련 근거가 없다. 자녀와 함께 특별선도 프로그램을 꼭 이수했으면 하는 보호자들이 정말 많았다. 하지만 나의 이상과 바람일 뿐 실제로 경찰서 특별선도 프로그램에 참여한 보호자들이 많지 않았다. 그리고 SPO가 행사 전문 부서도 아니고 말 그대로 부모-자녀 간 '특별한' 선도프로그램이었고, 이 선도프로그램에만 모든 것을 쏟아 부을 수도 없는 것이 현실이다.

부모와 자녀가 함께하는 특별선도 프로그램도 여러 차례 진행해 봤는데 앞으로는 경찰서에서 주관하는 학부모 대상 학교폭력 예방 교육도 진행해서 1명의 학부모라도 더 만나고 싶다. 자녀를 기르는 학부모들과 소통하고 싶은 마음이 크다. 조금 더 실력을 갈고 닦아 학부모들과 함께하는 학교폭력 예방 토크 콘서트도 진행해 볼 예정이다. 여기서 핵심은 학교폭력 예방을 위해 아이들과의 소통에 앞서 보호자들과 먼저 소통하고자 한다는 것이다.

아들이랑 대화도 소통도 많이 한다 생각했는데 그게 아니더라구요.. 지금까지의 대화는 감시였고 소통은 해결책이라는걸 알았습니다 그럼에도 아들이 엄마한테 일방적인 대화와 소통을 하고있었다는것에 감사했습니다 이젠 더 믿고 공감해주는 부모가 되도록 노력해야겠다는 생각을 많이하고 왔습니다 암튼 많은걸 느끼고 생각하는 프로그램이였습니다 수고하셨습니다..감사합니다	오늘 정말 최고의 날 듯 깊어요. 부모와 자식간에 의사 소통 오늘처럼만 평상시에도 이렇게 잘되었으면 하고, 어버이날 맞이하여 계양경찰서에서 이리 뜻깊은 자리를 제공해주시고 모든 가정에 꿈나무들의 희망과 가정에 평화로움이 보여요. 대한민국 최고의 의사표현, 모든 것은 원만하게 가정에서 부터 시작되는 사랑에 실천을 오늘 가족소통 프로그램을 통해 너무나 미숙한 저를 깨닫게 해주셔서 다시 한번 계양경찰 모든 경찰관님들께 감사드립니다. 아자 아자 파이팅.....

가정법원 위탁보호위원

2015년 9월부터 2024년 2월까지 총 8년 6개월 간 SPO 업무를 맡았다. 조직 내 지침이 경위 계급 승진 시 다른 부서로 이동을 해야 하는 지침에 따라 다른 부서로 이동을 해야 했다. 긴 시간 동안 아이들과 소통하며 지냈는데 끊긴다고 생각을 하니 시원섭섭했다. 조직 내 지침을 거스를 수 없기에 잠시 SPO 업무를 내려놓기로 했다. 확실히 SPO 업무를 해야 아이들과 직접 만나며 소통하기가 수월하다.

하지만 꼭 SPO가 아니더라도 아이들을 만날 수 있다. 부서 이동 전 SPO 업무용 휴대폰에 있던 아이들의 연락처를 모두 백업해두었다. 그리고 페이스북메신저, 인스타그램 DM이 있으니 아이들과 소통함에 있어 큰 문제가 되지 않았다. SNS상 팔로우가 되어 있으니 언제든지 '스토리' 확인도 가능하다.

SPO 업무와 전혀 관계없는 다른 부서로 이동했음에도 불구하고 계속해서 왜 청소년들을 신경 쓰는지에 대해 질문을 받았다. 그럴 때면 나는 "그냥 재밌다."라고 대답한다. 평소 주변 지인들에 대해서는 별로 관심이 없는데 위기청소년들의 천방지축 성장 과정을 지켜보면 꽤나 흥미롭다. '요즘은 조금 달라졌나?' 하는 아이들도 있고, '점점 더 날뛰는 군. 조만간 입건되겠어. 나중에 커서 후회할 것 같은데'라는 느낌을 받기도 한다. 그럴 때면 주저 없이 메시지를 보내거나 전화 통화를 한다.

통화의 시작은 "어? 경찰관님 어디 부서로 가셨어요?" 혹은 "언제 다시 오세요?"라는 안부인사로 시작한다. 안부 인사 겸 조금만 대화를 나누다보면 그들은 TMI(Too Much Information) 내용까지 모두 이야기한다. 차량 이동 중에 통화를 하는데 시간이 되는 한 아이들의 이야기를 들어주는 편이다. 아이들의 이야기를 듣고 있으면 '얼마나 입이 근질근질했을까? 그래 나라도 들어주자.'라는 마음이 든다. 아이들과 소통하기 위해서는 먼저 아이들의 이야기를 들어줘야 한다. 그 아이들의 세상, 요즘 10대 청소년들 사이에서 유행하는 문화 등을 빨리 파악할수록 SPO 업무도 수월해진다.

결국 현재는 SPO가 아닌데 왜 시간을 내서 굳이 아이들을 만나는지? 다시 말하지만 "재미있다." 아이들의 이야기를 들어주는 것만으로도 범죄 예방 효과가 있다고 믿는다. 그 예방 효과가 '매우 높다'까지는 아니지만, 아무것도 하지 않는 것보다는 낫다고 생각한다. 조금이라도 예방 효과 확률이 있다면 하는 것이 맞다.

가정법원 위탁보호위원으로 위촉이 되고 가정법원에서 위탁보호소년을 연계해주면 위탁보호소년과 기본적으로 6개월을 만난다. 6개월 내에 위탁보호소년이 소년분류심사원 입소, 소년원 입소 등 연락이 끊기는 상황이라면 자연스레 위탁보호 활동도 끝이 난다. 그리고 위탁보호 6개월을 거의 채운 뒤 가정법원 담당자와 연락하여 위탁보호소년이 재비행가능성이 높다고 판단되거나 위탁보호가 더 필요하다는 의견을 내어 위탁보호기간을 연장할 수도 있다. 위탁보호위원으로서 연장 의견을 냈다고 해서 무조건 연장되는 것은 아니다. 결국 가정법원 판사님이 결정을 한다.

위탁보호기간 중 월 2회 이상 대면 상담을 원칙으로 하며, 중간에 통화, 문자 등을 통해 수시로 연락을 한다. 대부분은 위탁보호위원이 먼저 연락을 하는데 위탁보호소년에게서 먼저 연락이 오는 경우도 있다.

먼저, 보호소년이 밤 22:00경이 지나 야간 전화를 받지 못했을 경우 늦은 밤, 새벽에도 위탁보호위원에게 연락을 한다. 혹은 22:00 전에 미리 전화를 해서 "선생님, 지금 방학 기간이라 오늘만 엄마 집에서 자려고 하는데 그럼 야간 전화를 못 받게 되는데요. 지금 옆에 엄마 있는데 샘한테 전화 연결 해드리면 안될까요? 지금 엄마 바꿔드릴게요." 야간 전화는 위탁보호위원의 소관이 아니다.

물론 1개월 마다 작성하는 감호상황표에 '위탁보호소년이 모친의 집에서 지내느라 야간 전화를 받지 못할 것 같다고 21:50경 위탁보호위원에게 연락을 함. 이에 위탁보호위원이 모친과 통화를 하여 사실을 확인 후 통화를 종결함'이라고 참고사항 정도로 작성을 한다.

위탁보호위원 자격으로 만나는 위탁보호소년들은 주로 거주지 근처, 담당 학교 내 학생, 관할 내 등 초면인 소년을 위탁받기도 하고, 이미 알고 지낸 구면인 보호소년들도 있다. 이미 위탁보호소년와 위탁보호위원 간 '라포'가 형성되어 있으면 첫 통화부터 반가움으로 시작하여 바로 면담 일정을 조율할 정도로 수월하다.

반면, 초면인 보호소년과는 먼저 통화로 대략적인 인적사항을 파악 후 대면 면담 일정을 조율한다. 그리고 보호소년 뿐만 아니라 보호소년의 보호자에게도 연락하여 6개월 간 위탁보호위원 역할을 맡았음을 안내한다. 위탁보호위원 활동도 5년 정도 넘게 맡고 있는데 1년에 대략 10명 정도의 보호소년을 만났다. 위탁보호소년 중 크게 비협조적인 소년은 없었다. 그런데 문제는 보호소년의 보호자들이었다.

위탁보호위원 아버님 안녕하세요. 이번에 6개월 동안 김OO 학생의 위탁보호위원으로 선정된 최승호입니다.

보호자 예? 어디라고요?

위탁보호위원 (불안한 느낌 감지) 예 아버님, 인천가정법원에 위촉된 위탁보호위원입니다.

보호자 뭐라고 하는 거야, X발 (통화 뚝.)

상황마다 다르지만 가끔 생각지 못한 욕설을 들으면 오기가 생길 때가 있다. 다시 전화를 했다. 상대방이 전화를 받는다는 것 자체가 희망이 있다고 생각한다.

위탁보호위원 아버님 먼저 전화 끊지 마시고요. 잠깐만 들어주세요.

보호자 어디라고요?

위탁보호위원 엊그제 따님 가정법원에서 재판 끝나고 6개월 동안 제가 위탁보호위원으로 선정되었습니다.

보호자 그래서요?

위탁보호위원 6개월 동안 따님 관련 특이사항이 있으시거나 문의사항 있으시면 저한테 언제든지 연락주세요. 가정법원 위탁보호위원이자 인천계양경찰서 여성청소년과 경찰관입니다.

보호자 결국 경찰이라고? 대체 뭐라고 하는 거야? (통화 뚝.)

수년 간 보호자 분들께서 나의 멘탈(Mental)을 단련시켜줘서 이제는 욕을 들어도 큰 감흥이 없다. 나의 감흥보다 중요한 것은 쉽게 흥분하고 욕설을 하는 보호자를 만나면 해당 자녀에 대한 걱정이 앞선다. 30초가 채 되지 않는 짧은 시간 내에 모르는 사람에게 통화 상으로 아무렇지 않게 욕설을 퍼붓는 사람이라면 분명 자녀에게도 더하면 더했지, 덜하진 않을 것이라는 생각이 들었다. 위탁보호소년과의 면담 시 가정 내 보호자와의 관계에 대해 항상 먼저 물어본다. 면담 시작 전 밝은 표정을 보였던 보호소년은 부친에 대한 질문에 바로 정색하며 표정이 어두워졌다.

대화를 나눠보니, 보호소년이 어렸을 때 부모가 이혼하였고, 부친과 단둘이 거주하게 되었는데 하루가 멀다 하고 가정 내에서 폭언, 협박 등을 당하다가 가출을 시작하였고, 나아가 우범 행위에 더해서 절도 행위까지 하게 되었다고 진술하였다. 보호소년이 질문을 했다.

보호소년 혹시 저한테 연락하시고 아빠하고도 통화해보셨어요?

보호위원 응, 아버님하고 짧게 통화했지

보호소년 아빠가 이상한 말 안했어요? 또 이상한 말들 했을 것 같아서요.

보호위원 아니야. 별 말씀 없으셨어.

차마 보호소년 앞에서 보호자에게 통화 상으로 욕설을 들었다고 할 수 없었다. 사실 굳이 말할 필요도 없었다. 그렇게 보호소년과 6개월 간 위탁보호기간 동안 면담을 하면서 보호소년이 가정 내에서 유일하게 할 수 있었던 것이 부친에 대한 '회피'였다. 부친과 '마주치지 않기'를 일주일 넘게 성공했다며 뛸 듯이 기뻐하는 모습을 잊을 수가 없다. 지금은 성인이 되었을 당시 보호소년에 대해 '회피가 최선이었을까?'라는 생각이 들었다.

 아동학대, 가정폭력, 학교폭력 등 '관계성 범죄'에 있어 늘 위축되고 회피하는 주체는 '피해자'이다. 아무리 경찰 측에서 범죄피해자 안전조치의 일환으로 112긴급신고 번호 등록, 스마트워치 지급, 맞춤형 순찰 등의 다양한 안전조치를 실시하지만 피해자 입장에서는 늘 불안할 수밖에 없다.

 가정법원 위탁보호위원으로 부천, 김포, 인천 등 다양한 지역의 위탁보호소년을 만나고 있는데 재판을 받은 이유부터 범죄 행위를 한 이유 등을 거꾸로 거슬러 돌이켜보면, 보호소년이 여기까지 올 수 밖에 없는 가정환경, 또래들과의 관계 등에 대해 듣게 된다.

 지금까지 위탁보호소년 등을 포함해 위기청소년을 1,000명 넘게 만나면서 드는 생각이 있다. 이 아이들이 현재의 보호자 말고 다른 보호자를 만났거나 아주 조금만이라도 나은 보호자를 만났더라면 '나(학교전담경찰관)를 만나지 않았을 텐데'라는 진한 아쉬움이 남는다.

※ 학교폭력 실태

2011년 대구 중학생 집단괴롭힘 자살 사건

2011년 12월 20일 오전 8시, 대구 소재 중학교 2학년에 재학 중이던 남중생이 집단 괴롭힘을 견디다 못해 자신의 7층 아파트 베란다에서 투신자살한 사건이다. 소년은 긴 유서를 남겼으며, 유서에 나오는 가해자들의 가혹행위가 너무 잔인해 많은 사람들을 분노하게 하였다. 이 사건 이후로 한국 사회는 학교폭력에 극히 민감하게 되었으며, 경찰청은 교육부의 협조 아래 학교폭력 가해자가 미성년자일지라도 강경 처벌하는 추세로 나아가고 있으며, 학교전담경찰관(SPO) 제도가 만들어진 계기이기도 하다.

2012년 서울 송파 여고생 자살 사건

2012년 8월 서울 송파구 고등학생 1학년 여고생이 아파트 11층 복도에서 투신자살한 사건이다. 당시 여고생 투신의 원인은 카카오톡 단체대화방 내 왕따 떼카와 버터구이 오징어 투척 때문에 욕설 폭탄 사태 등으로 밝혀졌다. 여고생은 당시 부친에게 피해 상황에 대해 상의를 하고 증거 사진도 확보했음에도 불구하고 투신자살하였다.

2017년 부산 여중생 집단 폭행 사건

2017년 부산 여중생 4명이 평소 선배에 대한 태도가 불량하다는 이유로 다른 학교 여중생을 1시간 40분 동안 폭행하여 끔찍한 상해를 입힌 뒤, 아는 선배에게 마치 자랑하듯이 페이스북 메신저로 사진과 관련 내용을 보내어 이에 격분한 선배가 경찰에 신고하여 알려지게 된 사건이다.

2018년 서울 관악산 집단 폭행 사건

2018년 서울에서 중고생 여학생 5명과 남학생 3명이 여고생을 늦은 시간에 집단 폭행하고 성추행한 사건이다. 가해학생들은 노래방에서 피해학생 대상 1차 폭행을 한 후, 관악산으로 데리고 간 뒤 장시간 끌고 다니면서 다음날 새벽까지 폭행과 성추행을 일삼았다.

2019년 대전 중학생 집단 폭행 사건

2019년 대전에서 12명의 중학생들이 또래 친구 1명을 괴롭히고, 폭행 장면을 동영상으로 촬영한 뒤 SNS에 공유하여 전파한 사건이다. 동영상 내용으로는 동급생들이 피해학생을 무차별적으로 폭행하고, 목을 졸라 기절시키는 모습이 담겨 있었다.

3장
아이들은 죄가 없습니다.
끊임없이

- '내장남폭'
- 아파트 아파트, 아파트 아지트
- 거짓말쟁이 그리고 거짓말장인
- 빛나는 아이들
- 아빠를 닮은 것 같아요
- 엄마의 든든한 남자친구
- 삼촌이었으면 좋겠어요
- 그 누구의 편도, 팬도 아닙니다

'내장남폭'

다양한 학교폭력 사안을 만나면서 예전에 유행했던 '내로남불'(내가 하면 로맨스, 남이 하면 불륜)이 떠올랐다. 학생들 대상 학교폭력 예방 교육 시 일방적인 주입식 교육 보다는 학생들과 소통하는 편이다. 학생들 스스로도 '사람이라면 누구나 자신에게 유리한 쪽으로 진술한다.'고 말한다. 내가 만난 대부분의 위기청소년들(가해, 피해자 불문)의 마인드가 바로 '내장남폭' 마인드이다. 내장남폭이란 '내가 하면 장난, 남이 하면 폭력'의 줄임말로, 상대방이 느끼는 감정은 전혀 중요하지 않다는 마인드로 오로지 행위자의 입장에서 모든 가해 행위에 대해 '장난이었다.' 이 한 마디로 종결한다.

행위자는 자신의 행위가 장난이었으니 사과할 필요도 없다고 진술한다. SPO가 보기에는 위기청소년들의 진술이 단순 말장난으로 느껴진다. 상대 친구에게 평생 잊지 못할 상처, 폭력을 행사한 뒤 어린 아이들이 재미로 하는 행동 또는 심심풀이 삼아 하는 행동으로 얼렁뚱땅 포장하려 한다. 장난은 상대방이 불쾌하지 않는 선에서 서로 간 함께 하는 것이고, 상대방이 짜증을 내고 불쾌하다고 느끼면, 이미 장난의 수위를 넘어 폭력을 행사하고 있는 것이다.

사실 '내장남폭'의 마인드는 아이들도 장착하고 있지만 보호자들이 '내장남폭' 마인드를 더욱 강력하게 장착하고 있는 것 같다. 비단 초등학생 자녀를 둔 보호자들부터 장착하는 것이 아니라 미취학 자녀를 둔 영유아기 때부터 이미 '내장남폭'의 분위기를 볼 수 있다. '고슴도치도 제 새끼는 함함하다고 한다.'라는 속담이 있다. 이는 털이 바늘처럼 꼿꼿한 고슴도치도 제 새끼의 털이 부드럽다고 한다는 말로, 누구나 제 자식은 잘나고 귀여워 보인다는 뜻이다. 요즘은 가정 당 자녀가 1명인 가족도 많고, 사회적으로 저출산 문제가 심각한 만큼 아이들이 귀한 세상이며 내 자식을 가장 소중히 여기는 분위기이다. 내 자식 뿐 아니라 모든 아이들이 소중하고 귀한데 그렇게 생각하지 않는 보호자들이 간혹 있다.

열 달 동안 힘들게 자식을 품고 24시간 함께 호흡하고, 이 세상 그 무엇과도 비교할 수 없는 출산의 고통까지 겪으며 자식을 출산한 어머님들의 모성애를 인정한다. 아니 존중하고 존경한다. 내 자식에 대한 끈끈한 모성애에 더해 '역지사지'의 자세까지 더해지면 더할 나위 없이 좋을 것 같다.

SPO 이전에 아이 둘 아빠로서 2022년 여름, 둘째 딸이 다니는 어린이집에서 전화가 왔다. 선생님께서 "아버님, 따님이 같은 반 남자아이와 티격태격하다가 남자아이 손등에 상처가 살짝 났는데 상대 어머님께서 직접 사과를 받고 싶어 하셔서 연락드렸어요. 혹시 통화 가능하실까요?" 상대 아이 손등에 상처가 났다는 말에 가슴이 철렁했다. 24개월 갓 지난 아이들끼리 티격태격하다가 손톱이 패였다고 했다. 어린이집 하원 시 선생님께 거듭 사과를 드렸더니 평소에 남자아이가 딸을 밀어서 넘어뜨릴 때도 있었다고 한다. 당일 손등 상처도 남자아이가 계속 둘째 딸을 건드리는 과정에서 둘째 딸이 하지 말라고 밀치면서 손에 상처가 살짝 난 것이라고 했다. 선생님께서는 손등 상처가 병원에 갈 정도가 아니고 집에서 연고를 바르면 되는 살짝 '흠' 정도라고 했다. 직접 손등 사진도 보여주셔서 그나마 안도를 했다.

일단 귀가 후 바로 상대 측 어머님에게 전화를 드렸다. 상처가 병원에 갈 정도는 아니지만 어쨌든 딸이 대응하는 과정에서 상대 아이에게 상처를 낸 것은 사실이기에 통화 시작부터 사과를 드렸다. 통화 직전 어린이집 선생님께서 상처 사진을 보여주셨다. 일단 상대 측 어머님께서는 "아들 손톱이 패였어요. 상처가 심각해서 병원에 갈지 말지 고민하고 있어요. 이런 적이 처음이라 어떻게 조치를 취해야 할지 모르겠네요. 일단 진정성 있는 사과부터 해주세요. 아들 손가락 상처 부위가 패였어요. 부모로서 너무 속상합니다."라고 하였다. 나는 "예, 어머님 정말 죄송합니다. 딸에게 친구를 때리는 행동을 하지 말라고 계속 이야기하겠습니다. 아드님 상처 치료를 위해 병원에 가시면 병원비도 다 부담하겠습니다. 정말 죄송합니다."라고 하면서 거듭 사과를 했다.

생후 24개월이 지난 아이들에게는 '학교폭력'이 성립하지 않는다. 누가 먼저 건드렸고, 상처의 경중을 따질 필요도 없이 상대 아이의 손에 상처가 생겼다. 내 자식, 남의 자식 구분 짓고 잘잘못을 따질 시간에 다친 아이 치료에 집중하는 것이 중요하다. 행위자 측은 가해 행위에 대한 사과와 향후 피해 보상에 대해 정확하게 이야기해야 한다. 내 자식이 피해를 당했다는 마음으로 가해 행위에 대한 책임을 져야 한다.

둘째 딸 어린이집 사안 이후에도 상대 아이는 딸을 툭툭 건드렸다고 하원할 때 종종 들었으나 굳이 상대 측 보호자에게 연락을 해서 사과를 받고 싶지 않았다. 물론 손가락 부위가 패일 정도의 큰 피해라면 상대방에게 연락을 해서 치료비부터 요청하겠지만 그 정도의 피해도 아닐뿐더러 24개월 된 아이들끼리의 티격태격 정도였다고 생각한다.

위의 사례처럼 미취학 아동부터 초등학교 저학년(1~3학년) 관련 사안은 대부분 아이들끼리는 금방 화해를 하고 언제 싸웠냐는 듯 예전처럼 지낸다. 아이들끼리 예전처럼 지낸다는 뜻이 꼭 서로 손을 잡고, 어깨동무를 하며 같은 무리를 이룬다는 것은 아니다. 서로에게 피해를 주지 않고, 폭력 행위 없이 무난하게 지내는 정도로 생각하면 된다. 하지만 아이들의 마음과 보호자의 마음은 조금 다른 듯하다. 보호자들은 기다렸다는 듯 "이때다!" 싶을 정도로 자기 자식을 위한 진정성 있는 소통 보다는 이번 사안에 대해 반드시 이기겠다는 불통의 자세로 임한다.

아이들끼리는 싸우고 화해하고 다시 잘 지내고 있는데 보호자들 간 기 싸움, 감정싸움으로 커지는 경우가 있다. 자녀가 미취학 아동일 때부터 어린이집, 유치원에서 소리 꽤나 낸다는 유명한 보호자들 있다. "대한민국 사회에서는 어딜 가든 목소리 큰 사람이 제일"이라는 마인드로 지금까지 이겨 왔고, 앞으로도 승리할 것이라는 굳은 결의가 느껴진다.

계속 강조하지만 모든 보호자들이 그런 것이 아니라 내가 8년 넘게 SPO 업무를 하면서 직접 만난 보호자들의 이야기를 적고 있는 것이다. 내가 말하는 굳은 결의에 찬 보호자란 자녀의 초, 중, 고등학교 총 12년이라는 학교생활 내내 SPO와 주로 만나는 민원인(위기청소년의 보호자)이 될 가능성이 높다.

위기청소년이라고 해서 무조건 학교폭력의 가해자가 아니다. 위기청소년의 범주에는 가해학생, 피해학생, 자살 우려 청소년, 경제적 위기 청소년, 학교 밖 청소년, 가정 밖 청소년 등 다양하기 때문에 SPO를 만날 가능성이 높다고 말하는 것이다. 확률이 높을 뿐 100% 모두가 위기청소년이 되는 것은 아니다.

아이들 간의 장난 행위를 너무 학교폭력, 범죄로까지 확대 해석하고 있는 것은 아닌지? 라는 생각이 들 수 있다. 실제로 117 상담, 학폭위 참석 등 가해 측의 진술을 들어보면 대부분 "상대 학생과 친하다고 생각해서 장난을 쳤다. 상대방이 그렇게 힘들어 할 줄 몰랐다." 여기서 필요한 자세가 바로 역지사지(易地思之)의 자세이다. 역지사지란 '처지를 바꾸어서 생각하여 봄'이라는 뜻이다. 가해 측과 면담을 하면 말미에 이 질문으로 마무리를 한다.

SPO 계속 장난이었다고 하는데 그럼 반대로 네가 이런 장난을 받았다고 생각하면 너도 장난으로 받아 들일거야?

위기청소년 음, 장난으로 받아들이지 못할 것 같아요. 죄송합니다.

SPO 아니 왜 항상 나한테 죄송하다고 해. 네가 괴롭힌 피해자한테 직접 사과를 해야지. 이번 사안은 장난이 아니야. 엄연한 학교폭력이자 범죄 행위야.

역지사지의 자세는 아이들 보다 우리 어른들, 특히 자녀를 양육하는 보호자들에게 반드시 필요하다. 부모로서 자녀와의 갈등 상황에서도 자녀의 입장에서 상황을 바라보고 이해하는 자세, 나아가 자녀가 다른 친구와 학교폭력 등 사안이 발생했을 때에도 무조건 내 자식만 감싸지 말고 상대 학생 측 입장도 헤아렸으면 좋겠다.

물론 집단 괴롭힘, 성범죄, 공동폭행 등 중대한 사안에 대해서는 상대 학생 측 입장을 고려해달라고 말하기 쉽지 않다. 솔직히 그럴 마음이 생기지도 않는다. 친구들 간 쌍방 폭행, 뒷담화(Gossip), 모욕, 명예훼손 등 사안의 경중에 따라 그에 합당한 선도 조치, 보호처분, 형사 처벌 등의 처분을 해야 한다고 생각한다.

'역지사지'의 자세가 상대방에게 무조건 사과하고, 용서하고, 화해하라는 뜻이 아니다. 앞서 언급한 '회복적 경찰활동' 대화 과정이

'역지사지'의 자세를 잘 보여준다. 상대방의 진술을 경청하고 그 진술에 대해 바로 반박하지 않고, 상대방의 진술을 들은 대로 다시 한 번 읊어가면서 상대방의 입장이 되어본다. 이 과정에서 조금이나마 상대방을 이해할 수 있는 것이다.

대화 모임 참석자들 모두가 "평소 상대방이 무슨 생각을 하는지 몰랐는데 이번 대화 모임을 통해 제가 오해하고 있던 부분에 대해 갈등이 해소되었고, 상대방의 입장에서 생각할 수 있었던 의미 있는 자리였다."는 소감으로 마무리를 한다.

그렇다고 일상생활 속에서 늘 당사자 간 '회복적 경찰활동' 대화 프로세스를 적용하기 쉽지 않다. '역지사지'의 예를 든 것일 뿐이다. 평소 상대방과 대화 시 경청하는 자세, 나의 마음도 중요하고 상대방의 마음도 중요하다는 것은 어린아이도 알 정도로 누구나 알지만 막상 갈등 상황이 되면 역지사지의 자세를 실천하기 쉽지 않다. 그래서 보호자들은 자식들에게 부단히 알려줘야 한다. 그리고 보호자들은 자식들에게 알려주기 전에 우리 어른들이 먼저 올바른 본보기를 보여주어야 한다. 먼저 '내장남폭'의 마인드부터 지우길 바란다.

아파트 아파트, 아파트 아지트

    2024년 10월, 길거리엔 익숙한 멜로디의 '아파트' 노래가 길거리마다 울려 퍼졌다. 남녀노소 너나 할 것 없이 누구나 흥얼거리던 '아파트'만 생각하면 코로나 이전, 그리고 코로나 기간에도 늘 존재했던 위기청소년들의 '아지트'가 떠올랐다. 아지트라고 해서 거창하게 생각할 것 없다. 심야 시간대 보호자가 없으면 그 집이 위기청소년들의 아지트가 되는 것이다.

    자녀들을 동행하지 않고 보호자들만의 여행은 단기 아지트, 생계유지 차원에서 어쩔 수 없이 보호자가 야간 교대 근무를 하여 야간에 보호자가 부재중이라면 장기 아지트가 될 확률이 높아진다. 교대근무를 하는 보호자와 면담을 종종 하였다. 내가 만났던 보호자들의 근무 패턴을 보면 일주일 중 4일 주간 근무 후 2일 휴무, 다음 4일은 야간 근무 후 다시 2일 휴무이다. 보호자가 주간 근무일 때에는 별 문제가 발생하지 않는다.

    보호자가 야간 근무에 출근함과 동시에 해당 자녀의 야간 활동도 시작된다. 야간 활동의 시작부터 집에서 하는 것은 아니다. 먼저 친구들과 밖에서 저녁 식사를 한다. 그 다음 당구장에 가서 시간을 보낸다. 오늘은 밤늦게까지 밖에 있어도 괜찮기 때문에 여기저기 또래 친구들에게 연락을 한다. 21:00~22:00경 보호자에게 전화가 오면 받지 않는다. 집에서 일찍 잠들었다고 하면 되기 때문이다. 밖에서 친구들과 아무리 잘 놀았다고 해도 이제 밤 23:00경이다. 이제부터 뭘 할까? 고민을 한다. 어떻게든 현재 주어진 자유를 즐겨야 한다. 슬슬 날씨가 추워지고 배가 고파진다. 가지고 있던 용돈을 모두 썼다. 드디어 갈 곳은 집 밖에 없다. 조금 늦었지만 지금이라도 각자 집에 귀가하면 되는데 어차피 집에 가면 혼자다. 집에 가봤자 외롭고 쓸쓸하다. 이미 밤 11시, 12시가 되었음에도 아직까지도 집에서 전화 한 통 없는 친구들끼리 남았다. 각자 집에 가봤자 심심하고, 운이 좋지 않으면 잠에서 깬 보호자에게 들켜서 혼날 수도 있다. '오늘만 친구 집에서 자야지'라는 생각으로 자연스레 아지트로 향한다.

아지트에 가서 못 다한 대화를 나누다가 잠들면 그만인데 집에 들어가자마자 냉장고를 연다. 각종 세계 맥주와 소주가 진열되어 있다. 어차피 술이 많이 있으니까 한두 병 쯤 마셔도 티가 나지 않는다고 생각한다. 집에 혼자 있었으면 고민했을 시간에 여럿이 함께 있으니 '용기'도 배가 되어 빠른 실천을 보여준다.

또래들 간 비행 및 범죄 행위를 할 때 '나 혼자 머뭇거리면 지는 것이다.' 그리고 '쫄보'라고 놀림 받을 수 있으므로 이럴 때 일수록 더욱 과감하고 대담한 척을 해야 한다. '나는 이 정도 비행 행위쯤은 일상이고 아무렇지 않다.'를 또래들에게 뽐내야 한다. 물론 첫 시도부터 과감할 순 없다. 수차례 반복하면서 내공이 쌓이게 되는 것이다.

나 또한 업무적으로 내공이 쌓여갔다. 정기적으로 야간 근무를 하는 보호자들에게 이미 수차례 당부했고 심지어 부탁도 해봤다.

"어머님 혹시 주간 근무만 하실 수는 없으실까요?"
"빚 갚으려면 애들 아빠랑 같이 지금 다니는 회사에서 일해야 돼요."
"그럼, 일주일씩 교대로 주간, 야간 근무하시면 야간에 한 분은 무조건 집에 계시는 거잖아요."
"그럼 좋은데 지금 저희 집에 차가 1대에요. 당장 2대를 운영할 형편은 안돼요. 그리고 회사가 멀어서 그렇게 주간, 야간 교차해서 근무를 할 수 있는 상황이 아니에요."
"아니 그럼 아버님, 어머님 야간 근무할 때마다 밖에서 친구들하고 놀거나 집에서 술을 마시고 담배를 피우는 상황을 아시면서도 그냥 방치하실 생각이세요?"
"아이한테 계속 이야기를 하고 있기는 한데, 애가 엄마, 아빠 힘들게 일하는 건 몰라주고, 놀기 바쁘네요. 일찍부터 놀다보면 금방 지치지 않을까요?"

당시 보호자와 수차례 연락을 하였는데 결국 내가 지쳤다. SPO와 보호자가 함께 해결방안을 모색하는 것이 아니라 보호자가 지속적으로 상황을 회피하고 있었다. 보호자의 입장도 이해가 되었다. 경제적인 어려움을 호소하는 보호자에게 근무 체계 변경에 대해 왈가불가 할 수 없었다. 중학생이었던 당시 자녀는 '부모의 부재'를 변명 삼아 고등학교에 진학해서도 각종 비행 및 범죄 행위를 하였다. 시간이 흘러 해당 자녀의 보호자와 다시 이야기를 나눌 수 있었다.

"아이가 중학생일 때 경찰관님께서 그렇게 야간 근무를 하지 말라고 하셨는데, 지금 그 말 안 들어서 더 고생하는 것 같아요. 돈 몇 푼 더 벌겠다고. 아이는 아이대로 계속 사고를 치고, 애 아빠도 건강만 잃었습니다. 저도 병원 신세를 면치 못하고 있어요. 다시 그 때로 돌아가서 경찰관님 말 듣고 제대로 좀 살아봤으면 좋겠습니다."

라고 말하고는 한동안 말없이 눈물을 흘렸다. 보호자의 진술처럼 돈을 조금 더 벌겠다는 마음이 결국 자녀의 범죄 행위에 대한 합의금, 상대 학생에게는 치료비 명목으로 더 많이 나갔다는 진술이다.

평온해야 할 아파트가 아지트로 변하는 것은 한 순간이다. 보호자가 버젓이 집을 지키고 있는데 갑자기 아지트로 바뀔 수는 없다. 보호자가 집에 있음에도 아이들의 아지트가 되는 경우는 보호자가 알코올 중독으로 아이를 돌보지 않는 경우이다. 보호자가 집에 술만 잔뜩 들여놓았으니 아이 입장에선 그저 'Thank you'를 외치며 자신의 방으로 가져와 친구들과 마시기만 하면 된다.

또 다른 경우는 보호자가 술과 담배를 직접 제공하는 경우이다. 자녀가 밖에서 음주 및 흡연 행위 등 비행 행위를 하거나 편의점 절도 행위를 사전에 예방하고자 가정 내에서 자녀의 음주, 흡연 행위를 허용한다는 입장이다.

물론 자녀가 당장은 밖에서 범죄 행위를 하지 않아 입건되지 않을 수는 있다. 하지만 아무리 보호자의 교육관이 관대하고 허용적인 콘셉트라고 하더라도, 이 부분을 그냥 둘 수는 없다. 「청소년 보호법」 제1조(목적)를 보면 청소년에게 유해한 매체물과 약물 등이 청소년에게 유통되는 것과 청소년이 유해한 업소에 출입하는 것 등을 규제하고 청소년을 유해한 환경으로부터 보호·구제함으로써 청소년이 건전한 인격체로 성장할 수 있도록 하는 법률이 제정되어 있다.

청소년에게 유해한 매체물과 약물 등이 청소년에 유통되는 것을 규제하고, 유해한 환경으로부터 보호하고 구제해야 하는데 가정 내에서 보호자가 직접 유해물을 유통해주고, 유해한 환경을 직접 조성해주고 있는 셈이다.

일반 아파트가 위기청소년들의 비행 아지트로 될 확률은 지극히 낮기 때문에 크게 걱정하지 않아도 된다. 하지만 당장 우리 집이 아지트가 되지 않았다고 해서 방심하면 안 된다. 그 다음 문제는 내 자녀가 또래 친구네 '아지트'를 자주 방문을 하는지도 꼭 확인해야 한다. 보호자들은 자녀가 지킬 수 있는 귀가 시간을 반드시 정해야 한다. '저녁 먹을 때 쯤 알아서 집에 들어와'라고 하거나 '어둑어둑해질 때 쯤 눈치껏 집에 들어와'라고 하면 아이들은 자신들이 유리한 쪽으로 해석할 수 있기 때문에 반드시 구체적으로 약속을 해야 한다.

마지막으로 「청소년 보호법」을 모두 숙지할 수 없다면 제44조(수거·파기), 제50조(선도·보호조치 대상 청소년의 통보) 이 두 조항 정도는 반드시 숙지하길 바란다.

「청소년 보호법」 제1조(목적)
이 법은 청소년에게 유해한 매체물과 약물 등이 청소년에게 유통되는 것과 청소년이 유해한 업소에 출입하는 것 등을 규제하고 청소년을 유해한 환경으로부터 보호·구제함으로써 청소년이 건전한 인격체로 성장할 수 있도록 함을 목적으로 한다.

「청소년 보호법」 제44조(수거·파기) ②
여성가족부장관 또는 시장·군수·구청장은 제1항에 따른 수거명령을 받을 자를 알 수 없거나 수거명령을 받은 자가 이에 따르지 아니할 경우에는 대통령령으로 정하는 바에 따라 청소년유해매체물 또는 청소년유해약물등을 직접 수거하거나 파기할 수 있다.

「청소년 보호법」 제50조(선도·보호조치 대상 청소년의 통보)
① 여성가족부장관, 시장·군수·구청장 및 관할 경찰서장은 제16조제1항, 제28조제1항, 제29조제1항·제2항, 제30조제1호부터 제3호까지 및 제7호부터 제9까지를 위반하는 행위를 적극적으로 유발하게 하거나 나이를 속이는 등 그 위반행위의 원인을 제공한 청소년에 대하여는 친권자등에게 그 사실을 통보하여야 한다.

② 여성가족부장관, 시장·군수·구청장 및 관할 경찰서장은 제1항의 청소년 중 그 내용··정도 등을 고려하여 선도·보호조치가 필요하다고 인정되는 청소년에 대하여는 소속 학교의 장(학생인 경우만 해당한다) 및 친권자등에게 그 사실을 통보하여야 한다.

거짓말쟁이 그리고 거짓말장인

　우리는 살면서 선의의 거짓말을 한 번 쯤 해봤을 것이다. 그리고 그 상황에서 아무리 선의의 거짓말이라고 할지라도 콩닥콩닥 가슴 졸였던 기억들이 있을 것이다. 학교전담경찰관을 하면서 우리 아이들을 거짓말쟁이가 아닌 '거짓말장이'라고 부르는 이유가 있다. '-장이'는 '그것과 관련된 기술을 가진 사람'이라는 뜻이 있어 위기청소년들 중 몇몇을 개인적으로 '거짓말장이'라 부른다. 이 책을 읽는 보호자들도 자녀들에게 몇 번씩 당해 본 경험들이 있다면 거짓말쟁이를 넘어 '거짓말장이'라고 일컫는 것에 크게 공감할 것이다. 요즘 들어 내가 만나는 위기청소년들 중 거짓말쟁이를 넘어 '거짓말장이'들이 과반수를 훌쩍 넘었다.

〈경찰서 선도프로그램 당일〉

"장이야, 어디니? 오고 있어? 아직 집이야?"
"죄송해요. 방금 택시 탔어요."

[20분 뒤]
"장이야, 어디니? 택시 탔다며? 도착할 때가 되었는데"
"죄송해요. 다른 친구가 같이 가자고 해서 지금 택시 탔어요."

[20분 뒤]
"(참으며) 장이야? 어디야? 택시 내렸어?"
"샘, 죄송해요. 사실 아까 집이었어요. 지금 나갈게요."

[20분 뒤]
〈전화기가 꺼져있어 소리샘으로…〉

위와 같은 상황을 8년 넘게 겪다보니 언제부턴가는 경찰서 선도프로그램 대상자가 '당일 불참'할 가능성을 매우 넓게 열어 놓고 업무에 임한다. 그래서 위기청소년들이 경찰서 선도프로그램에 늦거나 불참하여도 크게 화가 나지 않는다. '그래 그럴 수도 있지'라는 마인드로 대한다. 위기청소년들은 화를 내지 않고 침착함을 유지하는 SPO의 모습에 한 번 놀란다. 이후에 위기청소년들은 스스로 뉘우치는 모습을 보이기도 한다.

수년 간 아이들에게 속고 있는 나는 괜찮다 하더라도 선도프로그램을 진행해주는 외부 전문 강사님께는 죄송할 따름이다. 그런데 어느 순간부터는 외부 강사 선생님마저도 거짓말장이들의 스킬에 수차례 당하다보니 '불참 가능성'을 폭넓게 열어두어 실망하는 마음이 줄어들었다고 한다.

가정 내에서 자녀 육아를 하거나 회사에서 업무상 위기청소년 선도와 보호 업무를 할 때에 불타는 열정을 가지되, 스스로 어느 정도는 내려놓아야 마음이 한결 편할 때가 많다. 가정 내에서도 똑같다. 어느 정도 기대하는 마음을 내려놓아야 보호자와 소년 간 원만한 관계를 유지할 수 있다. 당사자 간 원만한 관계도 중요하지만 솔직히 말하면 보호자들이 스트레스를 받지 않는 것이 향후 본인의 건강과 가족 모두의 건강을 생각해서라도 중요하다고 생각한다. 보호자들이 스트레스를 받지 않아야 하는데 요즘 우리 아이들은 어른들의 마음을 아는지 모르는지 아래 대화를 통해 아이들의 탁월한 대화 기술을 한 눈에 볼 수 있다.

〈112신고, OO빌라 앞, 청소년으로 보이는 남자 3명, 여자 2명이 흡연을 하며 소리를 지르고 있다.〉는 112 신고

「청소년 보호법」 제50조에 근거하여 청소년 흡연 행위 등 선도·보호 조치 대상 청소년에 대하여는 친권자 등에게 그 사실을 통보하여야 한다. 대상자들의 인적 사항을 확인하는 과정에서 '거짓말장이'들은 눈 하나 깜빡하지 않고, 자신의 이름, 학교, 연락처 등을 속이며 진술한다.

흡연 청소년의 인적사항을 인계받은 적이 있다. SPO 팀원들 모두와 흡연 청소년의 인적 사항을 공유하는데 팀원 중 그 누구도 들어본 적 없는 처음 듣는 이름이다. 관내 위기청소년이라면 SPO 팀원 중 1명이라도 이름을 들어봤을 것이다. 일단 SPO 업무용 휴대폰에 전달받은 연락처를 저장하는데 이전에 이미 저장되어 있는 연락처이다.

설마 하는 마음으로 바로 전화를 걸었다.

"장이야~ 너 어제 흡연 사실 적발된 이후에 왜 다른 사람 이름으로 진술했어? 처음 듣는 이름인데 누구 이름으로 진술한 거야?"
"아, 저번 달에 전학 간 같은 반 친구 이름이에요. 죄송합니다."
"그래도 이름만 속이고 연락처는 솔직하게 이야기했네. 흡연, 음주 행위 절대 안 돼. 조만간 만나자고."

현장에서 적발 당시 일단 이름은 속였으나 다행히 본인 연락처는 솔직하게 진술한 것이다. 그래도 이정도면 '거짓말장이' 정도는 되나 '거짓말장인' 정도까지는 아니다. 위기청소년들 중에도 '-장이'를 넘어 '-장인'의 경지에 도달한 몇몇이 있다. 그 몇몇은 학교폭력 등 범죄 행위에 대해 단순히 "기언이 안나요."라고 진술하지 않는다. 그들은 가해 행위에 대한 증거가 나올 때까지 무조건 "저 아니에요. 제가 안 때렸어요. 뺏은 것이 아니라 빌린 것이에요. 진짜 제가 안했어요. 건물 계단에 CCTV가 없는데 어떻게 제가 때린 것이 돼요? 정말 억울해요."라고 진술을 하다가도 자신에게 불리한 명백한 증거가 나오는 순간 곧바로 "저 맞아요. 죄송합니다."라며 늘 쿨한 장인의 모습을 보여준다. SPO로서 하루가 멀다 하고 수많은 장이, 장인들을 만난다.

그렇다면 거짓말장이, 거짓말장인은 선천적으로 타고나는 것일까? 직접 위기청소년들에게 물어봤고, 그에 대한 답을 얻었다. 대부분의 위기청소년들은 정확한 시기, 나이는 기억을 하지 못했다. 하지만 그들의 최초 거짓말의 시작은 가정 내 보호자의 잔소리 혹은 추궁에 대한 회피성 답변이 쌓이고 쌓여 지금의 '장인'의 경지에 올라선 것 같다는 답변이 가장 많았다. 위기청소년들의 기억이 '가정 내'였을 뿐, 대화를 나누다 보면, 학교, 학원 등 장소를 불문하고 우리 어른들의 끊임없는 잔소리와 추궁에 대해 아이들은 당시 상황을 모면하고자 '거짓말'을 하게 된 것이다.

보호자들의 관심과 사랑이 아이들에게는 잔소리와 추궁으로 들렸을 수 있다. '폭력'을 정의할 때, 행위자의 입장에서 해석하는 것이 아니라 피해자의 입장에서 해석하듯이, 보호자들이 자녀에 대한 관심과 사랑의 표현들도 보호자의 입장에서 해석하지 말고, 자녀의 입장에서 해석해주길 바란다.

이러한 아이들의 상황을 보호자 분들에게 전달하면 보호자들은 "제가요? 저는 때린 적이 없어요. 어렸을 때 가끔씩 잘못된 행동에 대해 훈계만 했지. 요즘 세상에 누가 자기 자식을 때려요?"라고 한다. 학교전담경찰관은 다 알고 있다.

빛나는 아이들

'댈입'과 '댈구'라는 말을 한번쯤 들어봤을 것이다. '댈입'은 대리입금의 줄임말이고, '댈구'는 대리구매의 줄임말이다. '댈입'은 청소년을 대상으로 SNS을 통해 돈을 빌려주고 수고비(이자) 등을 받는 불법 고금리 사채 행위이다. 주로 10~20만원 소액 대출부터 200~300만원대 고액 대출까지 미성년자들이 원하는 만큼 언제든지 손쉽게 대출을 받을 수 있는 시스템이 구축되어 있다. 돈을 빌리는 미성년자들은 본인의 인적사항은 물론 가족들의 개인 정보까지 작성하며 대출을 한다. 돈을 빌려준 성인 혹은 동네 선배는 이를 악용하여 향후 후배가 약속한 날짜까지 돈을 갚지 못하면 개인정보 유출, 폭행·협박 등 2차 가해 행위를 일삼는다. 나아가 보호자에게도 직접 연락하여 집에 찾아갈 예정이니 자녀가 대출해간 원금과 이자를 갚으라고 협박하거나 학교, 주변 지인들에게 소문을 내겠다고 하는 경우가 발생하고 있다.

고등학교 1학년 남학생 진규(가명)는 자신의 친구가 사이버도박을 통해 쉽게 수익을 내는 것을 보고 사이버도박에 대해 흥미를 느꼈다. 일단 도박을 하려면 기본 자금이 있어야 하는데 '친구 따라 강남 간다'는 말처럼 SNS를 활용해 동네 선배에게 연락하여 50만원을 대출했다. 진규가 자신의 친구처럼 수익을 내고 빌린 돈을 갚았더라면, SPO가 인지할 만큼 큰 문제가 되지 않을 수도 있었다. 하지만 진규에게 그런 행운은 없었다.

우리 아이들에게 "사이버 도박으로 주변에 수익을 낸 친구가 있어?"라고 물으면, 열이면 열 모두가 "누가 150배를 땄다고는 들었어요. 막 친구들한테 노래방 쏘고 그랬대요."라고 답한다. 도박을 통해 수익을 낸 사람이 꼭 본인이라고 대답하는 아이들이 없었다. 반드시 수익을 낸 사람은 내가 아닌 누군가 제3자였다. 그리고 단기간에 수익을 냈다고 하더라도 결국 총 도박 기간으로 설정하면 결과는 모두 손실이었다.

나는 다시 묻는다. "그럼 돈을 잃을 것을 알면서도 도대체 왜 하는 거야? 주변에 수익을 낸 친구가 없는데?"라고 물으면 "모르겠어요. 그냥 주변 친구들이 하니까 분위기에 휩쓸려 같이 하는 것 같아요. 그리고 스마트폰으로 접근하는 방법도 쉽고, 솔직히 말씀드리면 중독되는 것 같아요. 계속 생각이 나요. 돈을 다 잃고 나면 허무한데, 그 도박을 하는 순간에는 돈을 많이 딸 것 같은 느낌이에요."라고 답한다.

지금 이 순간에도 누군가는 도박을 통해 수익을 내고 있을 것이다. 하지만 8년 넘게 내 주변 위기청소년들 사이에서 사이버도박 성공 신화는 단 한 건도 없었다. 위기청소년 뿐 아니라 성인들 중에서도 들어보지 못했다. 한 순간의 호기심과 욕심으로 가장 빛나야 할 10대 청소년기에 1,000만원, 2,000만원 점점 쌓여가는 빚 독촉에 시달린다. 도박으로 빛나려고 하다가 나날이 빚 독촉에 시달리게 되는 과정을 너무 많이 봤다.

SNS를 통해 대출받은 원금을 상환하지도 못하고, 원금보다 커진 이자를 갚아야 하는 상황에 직면하게 되면, 스스로 '돌려막기' 시스템을 구축한다. 진규는 일단 대출한 돈을 상환하기 위해 동네 선, 후배들에게 "5만원을 빌려주면 이틀 안에 10만원으로 갚을게"라며 가만히 있던 주변 또래들을 유혹한다. 진규는 어렵게 한 푼 두 푼 모았으나 대출을 상환하지 않는다. 진규는 도박의 세계에서 빠져나오지 못한 채, 또 다시 어둠의 세계로 빠지게 된다.

분명히 엊그제 옆 동네 고등학교 1학년이 단 돈 만원으로 150만원의 수익을 냈다는 소문을 들었다. 진규도 5만원으로 750만원을 만들어서 빌린 돈들을 모두 상환하겠다는 큰 꿈을 가지고 다시 도박을 시작했다. 소액이지만 욕심을 부리지 않고 수익을 조금씩만 낸다는 마인드로 접근해도 수익을 낼 수 없다. 진규는 스스로 악순환 시스템에 빠졌으며, 이틀 뒤 돈을 빌려준 친구들에게서 연락을 받았다. "진규야, 네가 약속한 10만원 갚아야지"라며 친구는 이자를 받을 생각에 진규에게 들떠있는 목소리로 이야기를 했다.

문제는 여기서 부터다. 진규에게 5만원을 빌려준 친구 또한 그 5만원도 진규가 돈을 빌린 같은 곳에서 빌린 것이다. 친구는 진규의 말을 듣고 짧은 순간에 '얼른 5만원을 빌려서 이틀 뒤에 진규가 10만원을 갚으면 원금 5만원, 이자 2만원 갚고 수중에 3만원이 생기네.'라고 생각한 것이다. 진규와 이 친구는 서로의 처지를 알게 되었고, 웃음이 싹 사라졌다. 이제는 대출 상환 문제를 넘어 폭행, 협박 등 추가 범죄를 걱정해야 하는 상황이었다.

"빌린 돈을 갚지 못하겠으면 몸으로라도 때워라. 만원에 한 대"라며 소위 '퉁'을 치는 경우도 있고, 돈을 받아내는 과정에서 또 다른 위기청소년을 개입시켜 "원금과 이자를 받아오면 수수료를 챙겨주겠다."고 하여 애당초 채무 당사자들과 전혀 관계가 없는 제3자들이 새로운 범죄에 연루되기도 한다.

청소년 개인의 호기심, 욕심, 주변 친구의 권유, 우연한 기회 등 사이버도박을 시작 이유는 모두 제각각일 수 있지만 그 결과는 늘 동일하기 때문에 아쉬움이 많이 남는다. 이 책을 쓰는 이유도 꼭 청소년 도박 범죄 행위에서만 느낀 것은 아니지만 위기청소년들의 사안을 자세히 들여다보면 늘 '아쉬움', '안타까움'의 마음이 생겼고, 그 마음으로 이 책을 쓰기 시작하였다. 각 장마다 청소년 범죄의 유형은 다르지만 결국 이렇게 책을 통해서라도 청소년 문제를 퍼뜨리고 싶었다. 1명의 청소년 범죄 행위자, 피해자라도 줄었으면 하는 간절한 마음이 크다.

실제로 만난 다른 위기청소년 광석이는 사이버도박에 빠져 1년에 200만원씩 총 세 차례 600만원의 큰돈을 수십 명의 또래들에게 빌렸다. 친구들에게 빚 독촉에 시달린 광석이는 빚을 갚고자 돈을 구해야 하는 상황에서 다니던 아르바이트 사장에게까지 돈을 빌리려다가 사업장에서 해고되었다.

채무 문제는 곧 신용의 문제로 직결되기 때문에 광석이의 주변에 그 많던 친구들도 다 떠나게 되었다. 광석이는 문제가 커지자 부모님께 말씀드려 해결할까 잠시 고민하다가 이전에도 수차례 부모님이 금전 문제를 해결해 준 적이 있어 사실대로 말하기 어려운 상황이었다. 일단 빚 독촉 문제를 회피하고자 가출을 하게 되었다.

도박, 비행, 폭행 등 모든 청소년 비행, 범죄 행위는 처음이 어렵고, 한 번이 무섭지, 같은 상황에 처한 아이들끼리 똘똘 뭉치게 되면 두려웠던 마음이 점차 용감함으로 바뀌어 더욱 대범해지는 경우가 있다. 결국 광석이는 자신과 비슷한 처지에 놓인 다른 지역의 또래들과 SNS를 통해 소통하다가 직접 만나게 되었다. 이들은 가진 돈을 모아 모텔에서 숙박을 해결하고 남은 돈으로 다시 모텔 내에서 사이버도박을 했다.

광석이의 부모님은 광석이가 가출을 하게 된 이유를 파악 후 사태를 수습하고자 돈을 빌려준 아이들의 보호자들에게 모두 연락하여 사죄하며 원금을 모두 갚아주었다. 광석이는 자신의 사이버도박 행위에 대해 반성하고 개선되었을까? 광석이의 보호자는 광석이의 도박 행위에 대한 아무런 조치 없이 일단 금전 문제 해결에 급급했다. 광석이는 이미 수차례 부모님의 도움을 통해 문제를 쉽게 해결한 전력들이 있어 더 과감해졌다.

이후에도 광석이는 도박, 가출 행위 등을 반복했으며 이 과정에서 SPO가 보호자와 연락을 통해 광석이의 현재 위치 파악하고, 주변 또래들과 어울리지 못하게끔 환경을 변화시켜 보고자 노력했다. 하지만 어른들의 청소년 도박 문제에 대한 예방 노력보다 아이들의 도박 행위 접근이 훨씬 빠르고 수월했다.

청소년들의 중독 문제 특히, 접근이 수월한 사이버도박 문제는 가정 내 보호자, 학교, SPO가 예방하고자 신경을 쓴다고 하더라도 사안 인지와 예방 활동이 어려운 것이 사실이다. 도박 청소년에 대한 24시간 밀착 케어가 실질적으로 불가능하기 때문이다. 보호자들은 자녀가 어렸을 때부터 친구가 돈을 빌리면서 높은 이자로 갚는다고 해도 친구 사이에는 절대로 금전 거래를 하지 않도록 당부해야 한다.

또한 보호자들은 자녀가 불법 고금리 사채 문제를 겪고 있는 것을 확인하는 즉시 무조건 나무랄 것이 아니라 금융감독원 「불법사금융피해신고센터」 국번 없이 1332 전화상담 및 경찰 112신고를 통해 대처해야 한다.

끝으로 도박 청소년들이 그만 빚냈으면 좋겠다. 그저 빛났으면 하는 바람이다.

아빠를 닮은 것 같아요

지금까지 수많은 아이들을 만났고, 현재도 만나고 있는 중이다. 내가 만났던 대부분의 아이들의 가정환경은 화목한 분위기 보다는 대체로 어두운 분위기였다. 그런데 오랜만에 나름 화목한 가정에서 자라고 있는 고등학교 2학년 남학생 예솔(가명)이를 인천가정법원 위탁보호위원과 위탁보호소년 관계로 만났다.

예솔이의 첫인상은 외적으로 키가 훤칠하고, 외모도 준수하여 운동부, 축구선수 느낌을 받았다. 하지만 예솔이와 첫 대면을 하면서 안타깝게도 예솔이의 운동 능력 보다 높은 비행, 범죄 능력을 알아버렸다. 예솔이의 부친은 자영업, 모친은 어린이집 운영을 하는 등 경제적으로 부족함 없이, 예솔이는 어렸을 때부터 하고 싶은 것이 있으면 뭐든 할 수 있었다고 진술하였다.

예솔이의 첫 범죄는 중학교 때 '폭행' 범죄로 시작하였다. 예솔이는 평소 침착하고 느긋한 성격인데 어른들이나 또래들에게 자신이 무시당하는 발언을 들으면 소위 '눈이 돌아간다'라는 소리를 들을 정도로 다른 사람으로 돌변한다고 한다. 그럴 때면 친구들 사이에서도 "예솔이 저 정도면 이중인격 아니야?"라는 농담을 했다고 한다. 순간 흥분을 하면 다른 사람이 되는 것 같다며, 본인도 그 부분에 대해서는 본인을 통제하지 못하고 있다고 털어 놓았다. 일단 예솔이에게는 "흥분할 때 나오는 네 모습도 결국은 네 모습이다. 결코 돌변하는 모습을 다른 환경 탓으로 돌리며 합리화하지 말자"고 하며 면담을 이어갔다.

예솔이와 면담을 하던 중, 갑자기 카페 테이블을 탁! 치며 "아! 제가 흥분할 때 나오는 모습을 생각해보니 아빠를 닮은 것 같아요. 아빠도 평소에는 자상하시고 엄청 잘해주시는데 화를 낼 때에는 완전히 다른 사람으로 변하세요. 어렸을 때부터 그런 모습을 종종 봤던 것 같아요."라고 했다.

예솔이의 잦은 폭행과 절도 범죄 행위에 대해 부친에게 엄격한 훈계를 들었는지 묻자, 예솔이는 "그건 아니에요. 어렸을 때부터 동네 친구랑 싸우거나 친구를 때렸을 때에는 크게 혼나지 않았어요. 아빠가 어렸을 때부터 남자는 치고 박고 싸우면서 커도 된다." 정도의 훈계로 끝났다고 한다. 나는 부친의 훈계 방식에 대해 의아해하며, 모친의 훈육 방식에 대해서도 물었다. 예솔이는 "엄마도 계속 일을 하셔서 저에 대해 크게 신경을 쓰는 느낌은 아니에요."라고 답했다.

"그럼 아버님께서는 어떠한 상황에서 돌변하는 모습을 보이셔?"

"사실 아직도 그 부분을 잘 모르겠어요. 기분이 엄청 좋으셨다가도 갑자기 흥분하시고, 어렸을 때부터 그 부분에 대해 눈치를 많이 봤던 것 같아요. 그래서 아까 제가 흥분할 때 돌변하는 모습을 아빠랑 닮은 것 같다고 말씀 드린 것이에요. 그리고 지금은 아빠가 다른 지역에서 할머니와 일을 하셔서 거의 못 만나는데 사실 편한 부분도 있어요."

예솔이는 어렸을 때부터 경제적으로 풍요로웠다고 진술했다. 물질적인 부족함은 없으나 부모의 맞벌이 상황으로 평일, 주말 할 것 없이 가족과 따뜻한 저녁 식사 한 끼 해본 기억이 없다고 한다. 저녁 식사는 무조건 동네 친구들과 당구장, PC방, 노래방에서 놀다가 때가 되면 밖에서 사 먹는다고 한다. 하루도 빠짐없이.

예솔이와 면담을 하면서 더욱 안타깝게 생각한 것은 예솔이가 현재 자신이 처한 모든 상황에 대해 전반적으로 매우 만족하고 있다는 점이다. 예솔이의 진술 중 '아버지가 평소에는 자상하시고 엄청 잘해주시는데'라고 표현한 부분이 있었다. 물론 정말 자상하고, 아빠로서 최선을 다해 잘하고 있을 수도 있다. 하지만 어렸을 때부터 아들과 저녁 식사 한 번 제대로 하지 못하고, 자녀의 잦은 비행, 범죄 행위에 대해 명확한 훈계를 하지 않았다. 심지어 '남자가 성장하면서 치고 박고 싸우는 것은 지극히 정상적인 일, 아빠가 어렸을 때에는 너보다 더 했어"라며 자녀에게 폭력을 합리화하는 보호자가 진정으로 자상하고, 좋은 부모의 모습일까

물질적으로 부족함 없이 자녀가 하고 싶은 것에 대해 다 해줄 수 있는 부모의 능력은 현 '자본주의' 체제에서 가장 큰 능력일 수 있다. 하지만 자녀가 편하게끔 밖에서 힘들게 노력하는 부모의 헌신에 대해 감사하게 생각하지 않고, 현재 누리고 있는 그 편안함을 당연하게 받아들이고 있는 안타까운 현 실정을 알리고 싶었다.

또한 예솔이는 자신의 모든 범죄 행위에 대해 '주동자'가 아니라 또래들과 어울리다가 휘말리게 된 것이라며 억울함을 호소하였다. 어쩌면 그 모습조차도 아빠를 닮은 것이 아닌가라는 생각이 들었다.

한 달이 채 지나지 않아 예솔이와 두 번째 면담을 진행하는데 예솔이가 "샘, 저 퇴학당했어요."라고 덤덤하게 말한다. 예솔이의 퇴학 사유를 들어보니 학교 교칙 부적응, 교사에 대한 폭언이었다. 나는 다시 물었다. 예솔이의 이번 학교 퇴학 처분에 대해 부모님은 어떻게 반응했는지.

예솔이는 이번에도 "부모님께서는 크게 뭐라고 하지 않으셨어요. 일단 집에서 좀 쉬고, 곧 겨울방학 기간이니까 앞으로 무엇을 할지 생각해보자"하고 끝냈다고 한다.

예솔이와는 더 자주 만나야할 것 같은 느낌이 묘하게 들었다.

엄마의 든든한 남자친구

한 달 뒤에 고등학교에 입학하는 진성(가명)이는 얼른 고등학교 입학식만 손꼽아 기다리고 있다. 2주 전만 해도 진성이는 분명 학업에 관심이 없다고 하였다. 사실 진성이는 현재도 학업에 전혀 관심이 없는 상황이다. 진성이가 고등학교 입학식 날만 기다리는 이유는 바로 엄마가 현재 만나고 있는 남자친구의 존재였다. 진성이가 어렸을 때 부모의 이혼으로 모친, 누나, 진성이 이렇게 셋이 살았는데 경제적으로 너무 힘들었다고 한다.

진성이는 정확한 시기는 기억이 나지 않지만 엄마의 남자친구가 매주 금요일 저녁마다 집으로 놀러 와서 일요일 저녁에 돌아가는 루틴으로 기억하고 있었다. 엄마의 남자친구가 진짜 아빠는 아니었지만 예전부터 편하고 좋았다고 한다.

진성이의 경미한 비행 행위 등에 대해 엄마의 남자친구는 관대한 태도로 "남자라면 그럴 수 있어. 친구들하고 싸움도 해보고 담배도 피워보고 술도 마셔 봐야지."라며 진성이가 중학교 1학년일 때부터 집에서 술을 한 잔씩 권했다고 한다. 그렇게 자연스럽게 진성이는 비행의 길을 걷게 되었고, 비행 행위에 대해 점점 무뎌져갔다. 진성이가 비행 환경에 빠질 수밖에 없었던 결정적인 이유가 있었다. 바로 엄마의 남자친구가 과거 학창시절에 진성이 보다 더 많은 비행 및 범죄 행위를 일삼았던 것이다. 심지어 A재단 소속 '어둠의 세계'에서 생활을 했던 경험도 있다고 한다.

진성이가 곧 입학할 고등학교가 바로 A재단 산하 고등학교인데 이미 엄마의 남자친구가 A재단 성인 후배들에게 연락을 돌렸다. 그 A재단 성인 후배들은 이제 곧 2학년, 3학년으로 진학하는 진성이의 학교 선배들에게 "3월에 진성이 고등학교 입학하면 잘해줘라"라고 전달했다. 진성이의 인스타그램을 보니 이미 학교 선배들과 팔로우를 맺고, DM으로 따뜻한 환영 인사까지 받고 있었다.

"진성아, 엄마의 남자친구 분이 후배들에게 연락해서 미리 인사해두니까 마음이 편안해?"
"네, 학교에 센 선배들이 많다고 해서 긴장하고 있었는데 마침 엄마 남자친구가 예전에 그 학교 재단 소속으로 생활을 했었다고 해서 벌써 연락 다해주셨어요."
"그럼 지금 편안한 것을 넘어서 든든해?"
"네 든든해요. 입학식 날 학교 선배들이 제 교실로 다 와서 인사해줄 것 같은데요."
"우리 진성이 고등학교 생활도 시작부터 술술 잘 풀렸네."
"네 잘 풀린 것 같아요."

안부를 물을 겸사 가볍게 시작한 면담이 끝자락에 와서 씁쓸해졌다. 진성이는 아직 고등학교에 입학도 하지 않았고, 학교 선배들을 대면하지도 않았는데 SNS상 인사 몇 마디를 통해 걱정되었던 고등학교 생활이 말끔하게 해소되었다. 사실 진성이 앞에서는 대단한 일인 마냥 놀라운 척을 했으나 전혀 놀랍지 않은 '대한민국의 인맥 중시 현장'을 10대 청소년들 사이에서도 매일 같이 본다. 진성이의 사례처럼 엄마의 남자친구까지 인맥이 활용되는 것은 드문 일이다.

SNS가 발달하면서 위기청소년들 간 Meta(페이스북) 친구 맺기, 인스타그램 팔로우 기능을 통해 직접 대면하지 않고도 메시지 교환이 수월한 시기이다. 아이들은 정보 전달의 메시지를 주고받는 순기능을 활용하지 않는다. 친구 뒷담화(Gossip), 저격글 게시 등 어떻게든 상대방을 이기고자 험담하고, 피해자를 협박하고 온갖 욕설이 난무한 역기능적으로 주로 활용한다. SNS상 명예훼손, 모욕, 욕설 행위 등은 117 사안으로도 많이 받았고, 업무용 휴대폰을 통해 아이들에게 실시간으로 캡처 화면을 수없이 받아봤다. 늘 사안의 시작은 상대방이 먼저 도발했다고 한다. 사실 내가 보기엔 둘 다 똑같다.

일대일로 시비가 붙었으면 그 당사자와 대화를 통해 풀면 된다. 그런데 꼭 내 편 네 편을 나누는 등 편 가르기를 시작한다. 이 부분에서는 어른이나 아이들이나 똑같다. 그리고 상대측과 5명 대 5명, 10명 대 10명 등 인원수라도 맞추면 그나마 다행이다. 한 쪽은 10명이고 한 쪽은 부를 인맥조차 없다. 집단 괴롭힘, 집단 저격이 시작되면 피해자 1명은 피해 정도가 2배, 10배가 아니라 100배, 1,000배가 넘는다고 한다. 일단 10대 청소년들도 소위 '인맥 싸움'을 하는데 아래는 실제 대화 내용이다.

"너 인천 08년생 OOO 알아?"
"XX, 너 일산 08년생 OOO 알아?"
"ㅋㅋㅋ 너 인천 07년생 OOO알아?"

"XX, 너 부평 07년생은 아냐?"
"나 인천 06년생 대장 OOO형이랑 친해"
"……"

위 대화는 인천에 사는 09년생과 일산에서 인천으로 전학 온 09년생 간의 짧은 대화이다. 알아? 알아? 몰라. 하다가 대화가 끝이 난다. 직접 대면해서 싸우지 않아 정말 다행이었다. 위 대화가 현재 우리 위기청소년들의 현주소이다. 중학교 2학년 남학생 간의 말싸움에서 시작한 대화가 중학교, 고등학교 선배를 넘어 02년생, 01년생 성인들 이름까지 나오는 현실이다.

현재 교제중인 여성의 아들이 고등학교에 입학한다. 본인이 소싯적 힘 좀 썼다며 재단 후배들에게 연락해서 '진성이 예쁘게 잘 봐줘라'고 하는 모습은 내가 생각하는 '아이들에게 존재만으로도 든든한 어른'은 아닌 것 같다.

그나마 진성이가 마음의 위로를 받고, 고등학교 입학 후에 지금보다 더 나아진 모습을 보인다면 '존재만으로 든든한 어른'임을 인정하겠다. 어제 진성이와 나는 1시간 동안의 면담에서 느낀 '든든함'은 결코 든든하지 않았다. 진성이와 더불어 진성이의 모친 또한 매우 든든해하고 있다고 한다. 진성이가 고등학교 입학 후 졸업할 때까지 아무 사고 없이 든든하게 학교생활을 했으면 하는 바람이다.

삼촌이었으면 좋겠어요

　학교전담경찰관(SPO)은 10대 청소년 즉 미성년자들과 대면하기 때문에 모든 활동을 함에 있어서 보호자의 동의가 필수로 받아야 한다. 보호자에게 동의를 받기 위해 먼저 보호자와 통화를 하는데 가정 내에서 자녀에 대한 관심 정도를 어느 정도 파악할 수 있다.

　잦은 가출과 차량털이 절도 행위를 일삼는 중학교 3학년 남학생 준식이(가명)를 대면하였는데 이야기를 들어보니 상황이 안타까웠다. 먼저 상습가출을 하는 이유에 대해 물어보았다. 어렸을 때 부모의 이혼으로 모친, 누나와 셋이 지내고 있었는데 어느 순간 모친의 남자친구가 금요일부터 일요일까지 3일씩 지내다 갔다는 기억이다. 모친의 남자친구가 잘 지내다가 그냥 돌아가면 문제가 되지 않았을 것이다. 하지만 모친이 남자친구에게 준식이에 대해 훈계를 부탁하여 주말마다 너무나 고통스러웠다고 한다. 모친에게는 남자친구이지만, 준식이 입장에서는 그저 모르는 낯선 아저씨였을 뿐이다.

　준식이는 주말마다 모르는 아저씨에게 지속적으로 훈계를 당하다 못해 결국 비슷한 처지에 있는 동네 친구와 가출을 시작했다. 첫 가출을 했을 때에는 집에서 연락도 오고, 직접 찾아오기도 해서 2~3일 만에 강제 귀가를 했다. 이에 굴하지 않고 준식이의 가출 빈도수가 늘면서 1~2주가 지나도 집에서 찾지 않게 되었다. 준식이가 다른 지역에 가서 지내는 데에도 연락조차 오지 않았다. 가출 청소년의 문제는

1~2주 정도는 지인 찬스 등을 통해 어떻게든 버티는데 그 이상이 되면 가지고 있던 돈이 다 떨어져서 기본 생활이 힘들어진다는 점이다.

준식이는 당시 힘든 상황에서 혼자였으면 고민을 하다가 결국 귀가를 했을 것 같다고 진술하였다. 하지만 준식이 옆에는 든든한 친구들이 있었다. 돈을 벌 수 있는 방법들을 함께 궁리하다가 늦은 밤 주차되어 있는 차량의 문을 열어서 현금만 빼자고 계획을 했다. 문제는 생각보다 차량의 문이 많이 열려서 본인들도 놀랐다고 한다. 처음에는 사이드미러가 접혀있지 않은 차량들을 확인 후 문을 열었는데 나중에는 닥치는 대로 모두 손을 대어 열었다고 한다. 청소년들의 차량털이 절도 CCTV 영상을 확인할 때면 정말 부지런한 모습이다. 정말 밤새 차문을 열면서 돌아다닌다.

준식이와 면담을 하면서 상습 가출과 특수절도 행위가 가정 내 아동학대 피해에서 시작되었음을 인지하였다. 당시 모친과 모친의 남자친구를 아동학대로 신고하게끔 안내하였다. 이후 준식이를 아동학대 피해자로만 볼 수 없었다. 결과적으로 준식이는 가출 후 특수절도 범죄 행위를 했기 때문에 경찰서 내 선도프로그램을 진행했다.

경찰서 선도프로그램은 1일 2시간씩 5회 이수로 10시간 이수가 원칙이다. 선도프로그램은 연령별, 죄종별 그리고 경찰서마다 프로그램이 다르다. 학교전담경찰관이 직접 진행하지 않고, 외부전문 강사를 초빙해서 개인 및 집단 상담, 미술치료 상담 실시 및 청소년상담복지센터, 청소년수련관 등에 연계하여 위기청소년 대상 스트레스 해소, 정서적 안정을 도모하여 향후 재비행, 재범 행위 방지를 목적으로 실시한다. 선도프로그램 이수 대상자들이 중간에 도망가거나 집단 프로그램 중 시끄럽게 하는 등 분위기를 어지럽히는 것을 방지하고자 SPO도 한 공간에서 함께한다. 학교전담경찰관이 자체적으로 선도프로그램을 기획해서 진행하기도 하는데 아무래도 청소년 관련 전문 유관기관에서 실시하는 것보다 전문성 면에서는 떨어질 수 있다. 하지만 학교전담경찰관이 진행하는 자체 선도프로그램도 각 경찰서 별로 프로그램 내용들은 조금씩 다를 수 있다. 하지만 학교전담경찰관이 직접 위기청소년들과 소통하며 라포가 형성되면 장기적으로 봤을 때에는 자체 선도프로그램의 향후 재범 방지 측면에서는 효과가 있다고 볼 수 있다.

SPO는 선도프로그램의 원활한 운영과 더불어 프로그램에 참여한 아이들의 성향과 가정환경 등에 대해서도 파악이 가능하다. 하지만 경찰서에서 진행하는 선도프로그램 임에도 아이들을 출석하게 할 법적근거가 미비하다. 미성년자이기 때문에 보호자 동의부터 받아야 하는데 동의를 구하는 단계부터 쉽지 않다.

SPO가 보호자에게 전화를 걸어 선도프로그램 동의를 받고자 안내를 하면 보호자 측은 '우리애가 학원에 가야 하는데 꼭 선도프로그램을 받아야 하나요?', '다른 범죄소년들과 함께 받으면 범죄 수법을 더 배우지 않을까요?', '집에서 잘 보살펴 볼게요.', '선도프로그램

이수하는 것이 필수가 아니면 안할게요.'라며 자녀가 경찰서에 출석해 선도프로그램을 이수하는 것에 대해 거부한다. 그렇다고 모든 보호자들이 부정적으로 답변하는 것은 아니다. '언제부턴가 집에서는 도통 말을 걸어도 대꾸도 하지 않습니다. 경찰서에서 꼭 좀 잘 부탁드리겠습니다.'고 선도프로그램에 긍정적인 답변을 해주는 보호자들도 있다.

보호자에게 동의를 받았다 하더라도 또 다른 문제가 발생한다. 선도프로그램을 이수하기로 약속한 위기청소년들이 경찰서에 출석하지 않는 경우이다. 어제까지만 해도 아니 당일 30분 전까지만 해도 분명히 경찰서에 출석을 한다고 답장을 했음에도 갑자기 전화기가 꺼져있다. 8년 동안 하도 많이 당해서 SPO 팀원들 사이에서는 '아이들이 경찰서에 출석해주는 것만으로도 감사함'의 마인드로 임하고 있다.

선도프로그램에 참석했다가 중간에 조용히 도망가는 아이들도 있다. 아이들이 선도프로그램에 참석했다가 중간에 도망을 가도 선도프로그램을 강제로 이수시킬 권한이 없다. 선도프로그램 필수 이수 대상자는 경찰서 선도심사위원회에 회부되어 '훈방' 조치 결정을 받은 대상자만 선도프로그램을 '필수'로 이수하여야 한다. 선도심사위원회에서 훈방 결정을 받은 대상자가 선도프로그램을 이수하지 않으면, 사건 관련 '재입건'이 가능하다.

다시 돌아와서 준식이는 가출을 하더라도 '준식이의 안전 확인' 차원에서 나(SPO)와는 반드시 연락이 되어야 함을 선도프로그램에 참석해서 약속하였다. 그리고 선도프로그램 종료 직후 1:1 다회기 전문 상담이 필요하다고 판단되면 SPO가 먼저 면담을 실시한다. 여기서 중요한 점은 SPO가 위기청소년을 대상으로 '훈계' 목적으로 다가가면 '라포' 형성이 쉽지 않게 된다.

SPO가 만나는 대부분의 위기청소년들은 어렸을 때부터 소위 '문제아'로 낙인이 찍혀 있다고 스스로를 과소평가하고 있는 상태이다. 그리고 대부분이 가정 내 아동학대 피해 경험이 있는 아이들이다. 이러한 상황에서 SPO마저 위기청소년들을 부정적인 시선으로 바라보고 다가간다면 앞으로 해당 위기청소년의 얼굴을 보기 힘들어질 수 있다. 아니 목소리조차 듣기 힘들어질 수 있다. 이들 대부분은 주변 어른들 중 믿고 따를만한 어른이 단 한명도 없는 것 같다고 진술한다.

선도프로그램 도중 혹은 선도프로그램 이후 일대일 면담 중에 '경찰관님이 삼촌이었으면 좋겠어요.'라는 말을 많이 들었다. 심지어는 '아, 진짜 경찰관님 같은 아빠면 맨날 집에 있을 텐데요.'라는 말도 들어봤다. 당시에는 쓸데없는 소리하지 말고 프로그램, 면담에 집중하라고 하고는 그 상황을 넘겼다. 미혼 SPO 시절엔 아이들이 그냥 엉뚱한 소리를 한다고 생각했기 때문이다. 하지만 시간이 지나 결혼을 하고, 육아를 하면서 당시 아이들이 나에게 했던 이야기들이 조금씩 이해되기 시작했다. 자신의 이야기를 귀담아 경청해주는 어른이 없었던 것이다.

나는 어렸을 때부터 말을 즐겨하지 않았다. 낯가림이 심했기 때문에 대화하기 편한 지인들과의 자리에서만 말을 하는 편이다. 지금도 밖에서는 조용하다. 집에서만 수다쟁이로 불린다. 말을 하는 것보다 듣는 것에 특화되어 있다. 솔직히 말하면 잘 듣기 보다는 잘 듣는 척에 가깝다. 내가 위기청소년들에게 궁금해서 묻는 물음에 답변하는 것에 더해 자신들의 최근 근황, 주변 또래들의 최신 정보들도 신나게 이야기를 하고 간다. 자신들의 이야기에 귀 기울여 경청해주는 것에 그 자리에서 감사함을 표현하는 아이들도 있다. 그럼 나도 똑같이 소중한 시간 내어 대화해준 것에 감사함을 표현한다.

그리고 아이들의 이야기를 가만히 듣고 있으면, 30대 어른이 생각하지 못하는 10대 청소년들만의 기발한 생각들을 읽을 수 있고, 꽤 흥미롭다. 아직 어린 10대 청소년들이지만 이 위기청소년들에게도 배울 점들이 있다. 또래들과 뭉쳐있을 때에는 강해보이지만 1명씩 따로 만나면 또 다른 모습, 다른 생각들을 엿볼 수 있다.

보호자를 증오한다고 표현하면서도 또 보호자를 끔찍이 생각하는 애증의 모습, 말은 시작할 때부터 끝날 때까지 욕설이지만 그것이 약한 자신을 보호해주는 수단이라고 솔직하게 이야기하는 모습, 최근 고통을 참아가며 문신으로 몸을 덮었다며 자랑하는 모습 등 모두 각자 만의 매력을 지니고 있다.

몇 년 뒤, 준식이의 모친과 그 남자친구 사이에서 늦둥이 아기가 태어났다. 준식이는 자신이 막내에서 둘째가 되어 막내를 탈출했다고 좋아하며 웃던 모습이 아직도 눈에 생생하다. 준식이는 지금 성인이 되어 모친을 도와 늦둥이 막내 동생 육아를 하고 있다. 준식이는 아기 키우는 것이 이렇게 힘든 줄 몰랐다며, 엄마에게 효도하고, 더 잘해야 겠다고 다짐은 수없이 하는데 말처럼 쉽지는 않은 모양이다.

그 누구의 편도, 팬도 아닙니다.

"경찰관님은 왜 상대 측 편만 드세요? 중립을 지켜주셔야죠."

가해 학생 측 민원인에게 위와 같은 말을 듣는 경우가 있다. 가해 학생 측에서 주장하길 '학교전담경찰관이 분명히 경청해주고 있는 느낌은 받고 있는데 대화를 이어가다보면 내(SPO)가 피해 학생 측 입장을 대변해주는 느낌을 받아 찝찝하다'는 진술이다. 찝찝하다는 표현을 바로 내 앞에서 솔직하게 내뱉고 간다. 자녀의 학교폭력 가해 행위에 대해 피해자에게 사과를 하고, 학교폭력이 재발하지 않게 대응 방안을 궁리해야 하는데 괜히 학교전담경찰관에게 화만 내고 수화기를 내려놓거나 면담 중 화를 내며 귀가를 한다.

요즘 사회 분위기를 보면 자녀가 중학교에 진학만 해도 가정 내에서 부모가 자녀에게 잔소리를 하고 훈계하기를 꺼려하는 분위기이다. 특히, 남학생의 경우 중학교 1학년만 되어도 신체적으로 성장하여 보호자의 훈계에 반항을 하는 경우가 있다. 부모에게 크게 대들지 않고 자녀가 바로 112로 전화해서 보호자를 아동학대 범죄 행위자로 신고를 하려고 한다. 차라리 이만하면 다행이다. 자녀가 112신고를 하지 않고 자신이 직접 해결하는 경우에는 오히려 보호자가 자녀를 존속폭행으로 112신고를 한다.

내가 만난 실제 사례들을 하나씩 꺼내면 "진짜? 요즘 세상에. 상상도 못할 일들이 벌어지고 있네."라며 소스라치게 놀란다. 나도 처음에는 학교폭력 뿐 아니라 가정 내에서 발생하고 있는 사안들을 보며 많이 놀랐고 당황했다. 하지만 이제는 너무 많은 사례를 만나며 무뎌져버렸다. 처음에는 가정 내 안타까운 상황에 처한 아이들을 보며 내 가슴이 무너졌고, 하도 많이 무너지다보니 이제는 무뎌져버린 것 같다.

중학교 3년 동안 해외유학을 다녀 온 A여학생을 알게 되었다. A가 초등학교 5학년 때 범죄, 비행 전력이 있는 또래들과 어울리는 것을 차단하고자 부모가 A의 중학교 입학을 필리핀으로 시킨 것이다. A의 보호자는 자녀의 학업 성적 향상을 위한 유학이 아닌 말 그대로 A의 환경 변화를 위해 유배를 보낸 셈이다.

A는 처음에는 낯선 환경에서 적응하느라 힘들었지만 결과적으로

보호자의 선택이 적절했다고 A스스로도 인정했다. 하지만 중학교 3년 동안 낯선 곳에서 많이 외로웠다고 했다. 그렇게 중학교를 잘 마치고 고등학교 입학 전 잠시 귀국을 했는데 하필 2020년 초 당시 코로나19사태가 발생하면서 출·입국 금지 조치를 당해 어쩔 수 없이 유학을 마감하였다. 오랜만에 친구들을 만나 회포를 풀고자 음주 행위를 했는데 당시 청소년 비행 건으로 112신고 되어 나를 처음 만나게 된 것이다.

우범소년으로 만난 A는 영어도 잘하고, 다른 과목도 잘하고, 예체능 분야도 잘했다. 심지어 자기표현도 또박또박 잘하는 아이였다. 그런데 A의 이야기를 듣다보니 어렸을 때부터 가정 내 부모에게 심각한 아동학대를 당하고 있었다. 부친에게 집에서 폭행을 당하다가 자신을 보호하기 위해 부엌에 가서 칼을 들었는데 모친이 남편을 아동학대 행위자로 신고하지 않고, 딸인 A를 가해자로 신고하였다. 처음에는 의아했다. 보통 이런 사안은 모친이 부친을 아동학대 가해자로 신고를 하는데 자신의 딸을 가해자로 112신고한 것이다. A는 대수롭지 않아하면서 자신을 '외톨이'라고 표현했다. 부모가 40세가 넘어서 늦둥이 외동딸을 가졌으면 정말 귀한 아이로 사랑을 주며 키웠을 것이라고 생각했다. 내 눈 앞에서 모친이 A에게 욕설을 퍼붓기 전까지는 말이다.

모친 에휴, 경찰관님 얘는 안돼요. 정신 상태가 썩어빠졌어요.

열 달 동안 힘들게 품고, 출산한 외동딸이 이렇게 훌륭하게 성장했는데 아이 면전에 대놓고 무시와 욕설이라니. 의아함의 연속이었다. 며칠 뒤 A에게서 연락이 왔다.

A 쌤, 저 고아래요.

SPO 응? 고아라니?

A 어렸을 때부터 저를 주워왔다고 해서 농담인 줄 알았는데 농담이 아니었어요. 저 태어나자마자 입양된 거래요. 그동안 저한테 왜 그랬는지 이제야 알 것 같아요. 친부모가 아니었어요. 쌤 제 인생은 왜 이럴까요?

평소 무표정으로 덤덤한 척 하던 A가 울음을 터뜨렸다. 지겹도록 이야기하지만 어른들의 무책임한 태도에 피해를 받는 것은 우리 아이들이다. 내가 만난 A는 잘못이 없었다. 꿋꿋하게 그리고 씩씩하게 이겨내고 있었다. A는 태어나자마자 친부모에게 버려졌다. 운이 좋게 입양되었는데 어렸을 때부터 썩 좋은 기억은 없다. 가정 내에서 지속적으로 아동학대 피해를 당했다. A가 진짜 돌아선 순간은 어느 일요일 오전 교회에서 부친이 A의 뺨을 때린 순간이다. 부친의 폭행 이유는 A가 용돈이 필요하다며 교회까지 따라가서 부친에게 용돈을 달라고 이야기 했는데 이를 들어주지 않으며 '교회까지 따라와서 귀찮게 했다'고 뺨을 때렸다는 진술이다. 심지어 집에서부터 교회까지 옆에서 모든 상황을 지켜보며 방관하던 모친은 "딸이 맞을 만한 상황이었고, 애 아빠는 때릴 만한 상황이었다."고 당당하게 진술했다.

그렇게 A가 힘든 시기를 겪던 중, 동네 또래 중에도 비슷한 피해를 겪고 있는 친구를 만나 음주, 흡연, 가출 행위 등을 하며 우범소년이 되어갔다. 2주 이상 가출을 하려면 돈이 필요하다. 친구들에게 돈을 빌리거나 얻어먹는 것도 한 두 번이다. 용돈을 구하는 것보다 무인점포에 가서 무료로 끼니를 해결하는 것이 빠르고 쉽다고 한다. 어른, 아이 할 것 없이 지금 당장 배가 고픈데 가게 안을 지키는 사람이 아무도 없다. 그야말로 배고픈 아이들에게 가게를 지키는 사람 하나 없는 무인점포는 달콤한 유혹인 셈이다. 그렇다고 무인점포를 탓하는 것은 아니다. 사람들이 배가 고프다는 이유로 모두가 무인점포를 대상으로 절도 행위를 하지는 않기 때문이다.

무인점포 대상 절도 범죄가 꾸준히 문제 시 되고 있다. 점포 내외에 CCTV가 평균 3~4대, 많은 곳은 6대가 설치되어 있는 곳도 있다. 무인점포 특성상 점원이 계속 관리를 하고 있지 않아 다른 범죄보다 더 쉽게 노출되어 있다. 절도 행위의 원인으로는 단순 호기심, 순간의 충동, 개인의 욕구 충족, 집단 무리 행동으로 볼 수 있다.

어린 나이에 순간의 호기심으로 남의 물건을 가져갔다가는 112 신고, 사건 접수되어 형법 제329조(절도) 및 제331조(특수절도)에 의해 처벌될 수 있음을 가정에서부터 교육해야 한다. 청소년 절도 예방

관련 편의점, 무인점포 등에는 CCTV가 설치되어 있으며, 112신고 시 경찰 조사 및 처벌을 받게 되므로 절대 남의 물건에 손을 대서는 안 된다고 거듭 강조해야 한다. 재미로 하는 편의점 담배 절도, 차량 털이 절도도 마찬가지로 CCTV, 차량 블랙박스에 모두 촬영됨을 지도해야 한다.

'어? 저는 애들이 인형 뽑기 기계를 부수고 훔칠 때, 인형 뽑기 기계 쪽으로 가지도 않았고, 인형 뽑기 매장에 있는 CCTV만 제 모자로 가리고 있었어요. 인형은 건드리지 않았고, 진짜 CCTV만 가렸어요. 주동자 애들하고 똑같이 처벌 받는 걸까요?'라며 억울한 뉘앙스로 이야기를 한다. 내가 만나는 위기청소년, 그 보호자와의 첫 대면, 첫 통화 시에는 늘 억울함으로 시작하여 떨떠름한 수긍으로 끝나는 것이 대부분이다. 절도 행위를 한 아이들에게 "왜 훔쳤어?"라고 물으면, "배고파서요.", "용돈이 다 떨어졌어요."라고 답한다. "그냥요. 심심해서요."라고 웃으며 대답하는 경우는 극히 드물다. 이 아이들은 어렸을 적 첫 범죄 시 운이 좋게 발각되지 않았거나 발각되었더라도 가정 내 보호자에게 제대로 된 훈계를 듣지 못했고, 대수롭지 않게 넘어간 경우가 많다.

각 장마다 너무 보호자들에게 뭐라고 하는 것 같다. 어쩔 수 없다. 내가 지금까지 만난 보호자들의 이야기이다. 극소수이길 바랄 뿐이다. 역시나 오늘도 아이들은 죄가 없다.

4장
아이들은 죄가 없습니다.
정말로

- 기다림의 미학
- 소년범은 괴물이 아니다
- 한 아이를 키우려면 온 마음이 필요하다
- '폭력'은 피해자의 입장에서
- 거창할 필요 없는 부모 교육
- 뭐든 처음이 어렵다
- 스위트 홈 (Sweat Home)
- 학교전담경찰관은 미드필더

기다림의 미학

학교전담경찰관, 가정법원 위탁보호위원 활동을 하면서 가장 감사한 것은 '아이들과 대면할 수 있음'이다. 내가 만나는 대부분의 위기청소년들은 매우 바쁘다. 여기저기를 돌아다녀야 해서 부지런해야 한다. 아이들은 무리한 나머지 잠으로 보충하거나 자주 아픈 상황들에 처해있다. 이처럼 아이들이 다양한 상황들에 직면해 있기 때문에 아이들과 일정 조율하여 대면하는 것 자체가 힘들다. 아이들과 전화나 문자로 약속을 정하는 것은 쉽다. 약속을 정하는 단계까지는 수월하다. 그렇다고 방심은 금물이다. 아이들은 자신의 향후 일정에 대해 생각하지 않고, 일단 약속을 정한다.

최근 가정법원 재판에 출석하여 장기 4개월 단기 2개월 처분을 받고 선고 일을 기다리는 주빈(가명, 남)이와 매일 같이 연락을 주고받고 있다. 서로가 대면하기로 약속하고 깨진 약속만 해도 수차례 되기 때문에 일정 조율 시 늘 조심스럽다. 주빈이는 자신이 생각지 못한 재판 결과에 대해 적잖이 놀란 눈치다. 위탁보호위원으로서 따뜻한 밥 한 끼라도 사주려고 대면 일정을 정했는데 우리가 만나기로 약속한 당일 새벽 05:24경 문자메시지가 왔다. '샘, 저 오늘 보호관찰소 출석 때문에 못 만날 것 같습니다.' 일주일 전부터 약속을 해놨는데 당일 새벽에 또 만나지 못할 것 같다는 연락이었다. 마침 새벽 운동을 가기 위해 잠에서 깨었기 때문에 바로 답장을 했다. '주빈아, 지금 이 시간에 자려는 거야? 일어 난거야?'

보호관찰소 출석 일정이 새벽 05:20경에 정해진 것도 아니었을 텐데 주빈이는 밤을 새고 나름 숙면을 취하기 위해 사전에 위탁보호위원에게 문자메시지 1통을 보낸 것이다. 그래도 주빈이 입장에서는 나름 밤을 새고 피곤한 상황임에도 위탁보호위원이 자신의 연락을 한없이 기다릴까봐 배려한답시고 문자를 보낸 것일 수도 있고, 자신의 수면을 방해받고 싶지 않아서 일찍이 문자를 보낸 상황일 수 있다. 전자이길 바란다.

내가 만나고 있는 모든 아이들이 위와 같이 약속을 쉽게 어긴다는 것은 아니다. 애초에 아이들과 약속을 할 때부터 '이 약속은 언제든지 깨질 수 있다.'라는 마음가짐으로 임한다. 나와 위기청소년 간의 약속은 언제든지 깨질 수 있다. 그래서 아이들과의 대면 활동이 더 소중하고, 더욱 감사한 것 같다.

아이들과 대면하기로 약속한 당일에 가장 많이 들었던 말은 "잠시만요. 제가 곧바로 다시 연락드릴게요."이다. 약속 당일에 전화기가 꺼져있거나 전화를 받지 않으면 나는 기약 없이 기다려야 하는데 그나마 답장이라도 오면 안도하며 기분까지 좋아진다. 이렇게 아이들과 있었던 일들을 글로 적다보니 내가 학교전담경찰관 업무를 하면서 아이들에게 되려 가스라이팅을 당한 것 같다.

아이들에게 가스라이팅 좀 당하면 어떤가. 결국 아이들과 연락이 닿아서 만나면 그만이다. 아이들은 기다리면 언젠가는 답장을 해준다. 늦어도 일주일 안에는 반드시 연락을 준다. 수 년 간 아이들에게 가스라이팅을 당하며 기다려 본 결과, 내가 얻은 데이터는 '일주일'이다. 일주일 내로 오는 연락마저도 다시 대면 일정을 변경해야한다는 연락이다. 일주일 새 다른 범죄 행위 건으로 경찰서에 조사를 받으러 가야하거나 학교폭력 가해 행위로 교내 학폭위가 개최될 수 도 있다는 연락들을 받는다. 아이들이 먼저 연락을 한다는 것은 학교폭력 사안 등 무슨 일이 발생하여 도움이 필요한 상황이라는 뜻이다.

이 때 "넌 왜 연락 한 번 없다가 맨날 너 급하고 필요할 때만 연락을 하는 거야?"라고 한마디 하는 순간 이 아이는 앞으로 다시는 SPO 혹은 믿었던 어른에게 선뜻 연락할 수 없게 된다. 남녀노소 할 것 없이 누구나 급박한 순간에 도움을 요청할 기관(119·112 등)이나 사람들이 떠오를 것이다. 그 상황에서 떠오르는 대상이 학교전담경찰관이라면, 위기청소년과 SPO 간 깊은 신뢰도가 쌓였다는 것이다. 업무적으로라도 아이들과 소통을 해야 하는 어른들은 아이들의 연락을 귀찮아하는 순간 당장에는 편할 수 있다. 하지만 거기까지인 것이다. 퇴근 후에도 SNS상 아이들과 적극적인 소통을 하라는 것이 아니다. 아이들에게 먼저 연락이 왔을 때 부모로서의 역할을 바라는 것도 아니다. 그저 이야기를 들어주는 삼촌, 고모, 이모 정도의 역할만 해줘도 아이들에게는 큰 힘이 될 것이다. 아이들과 연락이 닿는 것에 감사한 마음을 가지라고 하는 것 자체도 누군가에게 가스라이팅을 시도하는 것 같아서 이만하겠다.

SPO로서 아이들과 연락을 하거나 대면 활동함에 있어서 지금 몹시 귀찮은데 억지로 듣고 있다는 태도와 아이들의 도움 요청에 경청하는 태도는 향후 SPO와 위기청소년 간 관계에 있어서 큰 차이를 만들어 낼 것이다. 그 차이를 만들고 느끼려면 하루 이틀로는 부족하다. 진짜 피를 나눈 가족이 아닌 학교전담경찰관도 아이들과 소통 관계를 유지하고, 아이들의 이야기에 경청하고, 도움을 주고자 노력한다. 보호자들도 지금보다 조금만 더 아이들의 목소리에 귀 기울여 줬으면 하는 바람이다.

소년범은 괴물이 아니다

2024년 9월, 예전부터 업무적으로 알고 지낸 장학사님께 연락을 받았다. 학교 교육복지사 선생님들을 대상으로 '경찰관이 만난 아이들'에 대한 이야기를 요청하였다. 학교폭력 등 청소년 범죄 사례, 사안 처리 절차 안내가 아니었다. 실제로 경찰서에 입건되는 등 학교전담경찰관이 만나는 아이들에 대한 현장 이야기를 궁금해 하였다. 난 교육이든 강의든 언제든 일정만 맞으면 무조건 'Yes'다. 교육복지사 선생님들을 대상으로 3시간 동안 무슨 이야기를 어디서부터 시작해야할지 고민하다가 다시 장학사님께 연락하여 구체적인 강의 주제에 대해 소통하였다. 그 때 장학사님께서 〈우리가 만난 아이들〉 도서를 읽고, 학교 내에서 만나는 아이들의 이야기가 아닌 실제 범죄, 비행 현장에서 만나는 아이들에 대한 생생한 이야기를 듣길 원했다. 사실 교육 이라기보다는 교육복지사 선생님들과 함께 이야기를 나누는 소통의 자리였다.

먼저 나도 〈우리가 만난 아이들〉을 읽었다. 이 책은 90년대생 기자 3명이 직접 범죄소년을 만나 그들의 이야기를 듣고 우리 사회에 메시지를 전하고자 책으로 낸 것이다. 학교전담경찰관으로서 매우 공감하며 이틀 만에 다 읽었다. 3명의 저자가 우리 사회에 전하고자 하는 메시지는 명확했다.

'소년범의 죄는 우리 사회의 죄다.'

3명의 저자가 소년범과 전문가 등을 인터뷰한 녹취록만 340여 쪽에 달할 정도였으며 그 안에서 일정한 패턴을 발견했는데 내가 직접 겪은 수 년 간의 데이터와 흡사했다. 아이들이 살아 온 환경은 분명히 조금씩 달랐다. 하지만 분명한 것은 이 아이들이 처음부터 악마, 괴물이 아니라는 점이다. 우리 아이들은 학교폭력 가해자, 행위자, 범죄소년 이전에 피해자였다. 아이 주변에 제대로 된 진정한 어른이 단 한명도 없었던 것이다. 아이 주변에 어른이 있다고 하더라도 아동학대, 방임 행위 등으로 차라리 없는 것이 더 나았을 경우도 있었다. 앞에서도 언급했듯이, 어른들이 아이들을 범죄 및 비행의 길로 안내하는 최악의 상황도 발생하는 것이 현실이다.

'소년범은 악마도, 괴물도 아니다. 겁이 없어졌을 뿐이다.'

순수했던 아이들의 겁을 없앤 것도 우리 어른 혹은 사회이다. 갈수록 겁 없는 10대 청소년들, 답이 없는 아이들이라며 '문제아'로 낙인 찍어버리는 각종 매체와 어른들의 불편한 시선이 갈 곳 없고 방황하는 아이들을 더욱 궁지로 밀어 넣고 있다.

우리는 무언가를 처음 접했을 때 어색하고 불편했던 기억들이 있을 것이다. 일상의 모든 상황에도 대입해볼 수 있다. 어렸을 때 가정 내에서 보호자에게 받은 아동학대 피해, 학교 입학 후 또래 간 학교폭력 등 범죄 행위에도 대입할 수 있으며, 자신이 좋아하는 악기를 배우거나 운동을 시작할 때에도 처음에는 어색했던 기억이 있을 것이다. 누구나 처음에는 어렵고, 괴롭고, 힘들다. 그나마 악기나 운동을 배우는 것은 스스로 원했거나 흥미를 가지고 즐거운 마음으로 해나가면 된다. 하지만 아동학대, 학교폭력 범죄 피해는 받을수록 무뎌지면서도 피해자 내적으로는 피폐해지고 썩어간다.

간혹 보호자들 중 '우리 아이가 이번 방학 동안에 질 나쁜 아이들하고 어울리더니 완전히 다른 사람이 되었다.'며 자녀의 주변 친구들을 욕하면서, 어떻게 1~2개월 만에 다른 사람으로 바뀌었는지 의아해한다. '사람은 쉽게 변하지 않는다. 변하면 큰일 난다.'라는 말처럼 과연 우리 아이가 1~2개월 만에 급격하게 변한 것일까. 정말 자녀가 단기간에 변한 것이 사실이라면 차라리 다행이다. 다시 원위치로 돌아올 수 있는 확률이 높다는 것이다.

조금만 더 자세히 들여다보면, 아이가 변하기 전에 가정, 학교 등에서 분명히 몇 가지 징후가 있었을 것이다. 보호자도 생계유지 등을 이유로 24시간 내내 바쁜 삶을 살다보면 아이들의 변화, 징후를 놓칠 수 있다. 보호자로서 아이들의 변화를 인지했을 때 모른 척 하고 회피하면 안 된다. 보호자는 아이의 변화를 인지한 순간부터 아이와 적극적으로 대화를 시도하고 현재 아이가 만나고 있는 친구들, 처해있는 상황 등에 대해 파악할 필요가 있다. '내 자녀는 별 일 없겠지, 학교생활을 잘하고 있겠지' 라면서 안일한 태도로 1~2개월을 보낸다면 그때서야 '대체 얘가 왜 이러지?'라는 생각을 하며 배신감이 치밀어 오를 것이다.

그리고 어렸을 때부터 보호자, 자녀 간 대화가 없었다면 더욱 아이의 상황을 인지하기 힘들 것이다. 그러다보니 아이가 조금만 달라지거나 반항하는 모습을 보이면,

> "내가 너 키우려고 얼마나 고생했는데
> 이제 와서 어떻게 이럴 수가 있어?"

라며 큰 배신감을 호소하는 보호자들이 있다. 그럴 때 아이들의 속마음은 '아니 이제 와서 대체 나보고 어쩌라는 거지'라며 혼란스러워해 한다. 그리고 어쩔 줄 몰라해하며 하염없이 스마트폰만 쳐다본다. 물

론, 보호자의 진술대로 또래들과의 관계에 영향을 많이 받을 시기라서 자녀의 주변 친구 탓부터 할 수 있다.

보호자의 진술과는 반대로 아이들의 이야기를 들어보면, 오히려 그 시기에 주변에 친구라도 있어서 위로를 받고 힘이 되었으며, 힘든 시기를 함께 버틸 수 있었다고 한다. 아이들은 힘든 시기를 버티는 과정에서 나름의 비행 및 범죄 행위를 한 것에 대해 잘못된 행동으로 인지하고 있다. 그 시기를 후회하는지에 대한 나의 물음에 대부분의 아이들은 '그 당시를 후회하지 않는다.'고 한다. 심지어 다시 그 상황이 되어도 똑같이 행동했을 것이라고 답하는 아이들도 있었다.

아이들은 자신이 처한 상황에서 허우적거리고 방황하고 있다. 어른들은 이처럼 헤매고 있는 아이들을 아직도 괴물, 악마, 돌연변이라고만 한다. 청소년 범죄가 발생하면 범죄소년 대상 처벌 강화, 촉법소년 연령 하향 등 자꾸만 아이들에게 죄를 덮어씌우려는 모양새다. '문제아'로 낙인이 찍힌 아이들을 만나서 이야기를 듣고, 그 보호자들을 만나보면 대부분 보호자들에게 더 큰 문제가 있었다. 부부 간 갈등 혹은 이혼, 가정 내 아동학대, 알코올·도박 등 중독 문제, 보호자의 부재, 보호자의 장기간 지방 출장 등 정말 다양한 상황들을 많이 봐왔다.

언제까지 우리 아이들을 괴물 취급하고 문제아로 낙인만 찍을 것인가? 이제부터라도 우리 어른들이 아이들에 대한 부정적인 시각, 편견을 버려야 한다. 다시 말하지만 소년범은 괴물이 아니다.

한 아이를 키우려면 온 마음이 필요하다

'한 아이를 키우려면 온 마을이 필요하다'라는 유명한 아프리카 속담을 한 번 쯤 들어봤을 것이다. 가정, 학교, 사회 등 모두가 힘을 합쳐 자녀 돌봄에 최선을 다해야 한다는 의미이다. 모두의 힘이 중요한 것은 어느 정도 공감할 것이다. 그리고 나는 마을도 중요하지만 그에 앞서 우리 어른들의 '마음'이 정말 중요하다고 생각한다. 현재 두 아이를 양육하고 있는데 아이를 키우려면 아이에 대한 진정성 있는 마음이 중요하다고 직접 느끼고 있다. 여기서의 아이에 대한 '온 마음'이란 보호자로서 아이에 대한 관심, 사랑, 배려하는 마음 등이다. 책임감도 넣겠다. 그리고 내 아이가 소중하듯 남의 아이도 똑같이 소중한 것이다.

위기청소년의 보호자들과 대화를 나눠보면, 의외로 자녀와의 소통 문제, 아동기부터 쌓인 갈등, 가정 내 대화 부족 등의 문제들을 파악할 수 있다. '가족 간의 대화'는 누군가에게는 그저 일상인데 생각보다 가정 내에서 자녀와 소통을 어려워하는 보호자들이 많다. 보호자로서 자녀와 소통 시, 화려한 대화 스킬을 요하는 것이 아니다. 자녀의 말에 귀 기울여 경청해주고 마음가는대로 소통을 하면 된다. 보호자가 지레 겁먹고 어렵다고 자녀와의 소통을 포기하는 보호자들이 있는데 어려운 것이 아니라 예전부터 해보지 않았기 때문에 어렵다고 생각하는 것이다.

자녀가 어렸을 때부터 보호자들은 바쁘다는 핑계로(이야기를 들어보면 진짜 하루 종일 바쁜 보호자들도 있다.) 자녀들과 시간을 보내지 않았다.(대부분은 자녀 앞에서 스마트폰 보는 경우) 자녀가 학교에 입학해서 학교폭력 가해, 피해 사안에 연루되었을 때, 그 때가 되어서야 자녀에게 "내가 널 어떻게 키웠는데?!"고 가슴을 치며 통곡한다. 이때 나는 되묻고 싶다. "어떻게 키우셨어요?"(실제 되물은 적도 있다.)라고. 악의는 없었다. 정말 어떻게 키웠는지 궁금했고, 그저 터놓고 이야기를 나누고 싶었을 뿐이다.

여기서 보호자들이 간과하고 있는 것이 있다. 자녀들이 보호자에게 표현을 하지 않았을 뿐이지 자녀들도 보호자의 마음을 다 알고 있다. 보호자들은 가정 내에서 일방적인 학업 강요, 자녀와의 소통 차단만 하지는 않았는지 생각해보길 바란다. 자녀들이 부모 앞에서가 아닌 학교전담경찰관 앞에서 자신의 이야기를 하다가 눈물을 보이는 경우가 있다. SPO는 보호자의 사정도 들어보고, 자녀의 사정도 들어보면, 각자의 사정이 다 있다는 것을 느낀다. 각 개인의 사정들이 어떻든 보호자가 자녀를 생각하는 마음, 자녀가 보호자를 생각하는 마음 자체는 크게 다르지 않았다.

위기청소년들도 자신의 보호자를 생각하는 마음이 크다는 것이다. 앞서 언급했듯이 친구가 자신을 무시하고 놀리는 것은 참아도 보호자를 욕하는 '패드립'에 대해서는 그 순간을 참지 못하고 몸이 먼저 반응할 정도로 강하게 대응하는 것을 보면 알 수 있다. 자녀가 집에서 툴툴대고, 반항하는 것처럼 보여도 속마음은 보호자와 이야기를 나누고 싶고, 저녁 식사도 같이 하고 싶어 한다는 것이다. 어렸을 때 가족과 함께 다녀온 여행, 나들이 다녀왔던 소소한 것들도 모두 좋은 추억으로 간직하고 있다는 마음을 보호자들이 알아줬으면 한다.

SPO가 자녀의 마음을 보호자들에게 대신 전해준 적이 있다. 보호자의 반응은 어땠을까. 통화 상으로도 느껴질 정도로 멋쩍어하며 되묻는 보호자가 있다. "아니 그럼 저한테(보호자) 크게 불만이 없는 것 같은데 요즘은 집에서 저한테 왜 그러는 거죠? 언제쯤 효도를 하는 날이 올까요?"라고 묻는다. 어머님 효도라니요. 난 지금껏 보호자들에게 "곧 자녀가 효도하는 날이 올 겁니다.", "자녀분이 효도하고 싶은 마음이 굴뚝같습니다."등 '효도'라는 용어 자체를 먼저 입 밖으로 꺼내본 적이 없다. 어린 10대 청소년 자녀에게 진정한 효도를 원하는 보호자들이 실제로 있다. '효도'에 대한 정의는 각자 처한 위치에 따라 모두 다를 것이다.

자녀가 보호자에 대해 좋은 기억을 가지고 있는 것만으로도 보호자로서 감사하게 생각해야 한다고 굳게 믿는다. 보호자 중 특히 어머님들은 힘든 임신과 출산의 고통을 겪는다. 그리고 출산하는 순간

'아, 우리 아이가 초등학교 입학할 즈음부터는 혼자 스스로 모든 것을 다 해냈으면 좋겠다.' 혹은 '스무 살 성인이 되는 순간부터 독립해서 스스로 밥벌이 정도는 하다가 나에게 월 20만원씩이라도 꼬박꼬박 용돈을 줬으면 좋겠다.', '힘들게 낳고 길러줬으니 효도해라!' 이 마음으로 출산을 하고 그동안 육아에 전념했는가. 이미 오랜 시간이 흘러 기억이 나지 않을 수 있다. 잠시 책을 내려놓고 그 때를 회상해봤으면 좋겠다. 단 5분이라도. 출산 당시 부모로서의 마음이 자녀의 이른 독립, 자녀에게 용돈 받기, 효도 받기는 아니었던 것 같다.

아니면 그저 '공부 못해도 좋으니 착한 심성과 건강했으면 좋겠다.', '남들과 비교하지 않고, 우리 아이가 하고 싶은 것을 함께 찾고, 흥미를 느끼고 좋아하는 것을 하며 지냈으면 좋겠다.' 정도인가. 적어도 나를 포함해서 내 주변에 비슷한 또래의 자녀를 돌보고 있는 보호자들은 모두 후자의 입장이었다.

보호자들은 SPO에게 주로 하는 말이 "초등학교 때까지만 해도 엄마, 아빠를 잘 따라다녔는데 중학교 가면서 친구를 잘못 만나서 변했다."(친구 탓), "이사를 오기 전에는 공부를 어느 정도 했는데 이사 온 뒤부터는 성적이 영 나오지 않고, 매일 짜증만 내네요."(환경 탓) 자꾸 자녀가 어떠한 영향을 받아서 변했다고 하소연을 한다.

자녀가 아이에서 성인이 되어가는 과정, 즉 2차 성징이라 불리는 사춘기를 겪으며 육체적, 정신적으로 성숙해지는 것은 기본적으로 아동기를 벗어나는 자연스런 과정이다. 그 과정에서 또래들과의 관계, 주변 환경의 영향이 맞물려서 자녀가 예전과 다르게 부정적인 모습을 내비치는 경우가 있는 것이다. 모든 청소년들이 '사춘기'를 겪는다고 소위 '중2병, 초4병'에 걸리는 것은 아니다. 자녀가 이상하게 부정적으로 변했다고 말하기 전에 우리 보호자들의 마음부터 들여다봤으면 좋겠다.

앙투안 드 생텍쥐페리의 《어린왕자》 중, '어른들은 누구나 처음엔 어린이였다. 그러나 그것을 기억하는 어른은 별로 없다.'고 한다. 우리 어른들도 모두 10대 청소년기, 사춘기를 모두 겪었다. 자녀들보다 일찍 겪었을 뿐이다. 우리 모두 10대 청소년기를 보내면서 상처도 받고, 그 상처를 치유하며 단단해져 지금 이렇게 어엿한 어른으로 성장한 것이다. 나는 지금도 늘 아빠로서 초심(初心)을 다잡기 위해 미취학 자녀 2명에게 "아빠도 아빠가 처음이라 아직 미숙해"라고 솔직하게 털어 놓는다. 속으로도 하루에 몇 십번씩 되뇌며 육아에 임한다.

우리 보호자들 모두 그동안 힘든 시기를 잘 견뎌냈다. 앞으로도 하루하루 내 마음대로 되지는 않을 것이다. 초심불망 마부작침(初心不忘 磨斧作針)이라는 '초심을 잃지 않고, 도끼를 갈아 바늘을 만든다.'는 말이 있다. 보호자로서 자녀를 처음 만났을 때의 그 순수했던 마음, 사랑하는 마음, 자녀에 대한 관심, 책임감을 잊지 않고, '온 마음'으로 자녀에게 다가가면 자녀도 이내 보호자의 마음을 헤아리고 결국 보호자와 자녀가 서로를 향한 마음이 같은 마음이 될 것이라고 믿는다.

"한 아이를 키우려면 온 마을에 앞서 온 마음이 필요하다."

'폭력'은 피해자의 입장에서

이 책을 쓰는 가장 큰 이유이자 학생, 학부모에게 가장 강조하고 싶은 부분이다. 꼭 학교폭력에 국한하지 않고, 이 세상 모든 범죄 행위에 대한 해석은 가해자(행위자)의 입장에서가 아닌 피해자의 입장에서 해석해야 한다. 예전에는 중·고등학교 대상 범죄 예방 교육 시에만 이 부분을 강조했는데 이제는 초등학교 전 학년 대상 교육 시에도 '학교폭력 행위는 엄연한 범죄 행위'라고 힘주어 이야기한다.

상대방이 먼저 도발을 했더라도 어떠한 형태로든 폭력 행위로 대응할 시 가해자로 처벌 받을 수 있음을 교육한다. SPO 초창기에는 초등학교 선생님들이 먼저 아직 아이들이 어리기 때문에 너무 자극적인 학교폭력 사례 위주의 교육은 지양해달라고 요청을 했었다. 하지만 이제는 학교 선생님들이 먼저 "다른 초등학교에서 발생하는 학교폭력 사례를 중심으로 아이들이 경각심을 가질 수 있게끔 강력한 예방 교육을 부탁드립니다."며 적극적으로 요청을 하는 분위기이다.

학교폭력 예방 교육 전날 PPT 자료를 수정한답시고 새벽까지 자료를 수정 후 집에 놓고 출근한 적이 종종 있다. 당시 SPO 업무를 맡은 지 얼마 되지 않았을 때에는 등에서 식은땀이 주르륵 흘렀다. 내게 주어진 40~50분 동안 영상과 PPT 자료 없이 어떻게 풀어나가야 하지? 적잖이 당황을 했던 기억이 있다. 하지만 이제는 학교폭력 사례 데이터가 워낙 많아서 가끔씩 USB 자료를 놓고 학교에 가더라도, 학교 컴퓨터가 USB 자료를 읽지 못해 파일이 열리지 않더라도 당황하지 않는다. 시·청각 자료 없이도 학교폭력 예방 교육이 거뜬하다.

더 이상 학교폭력 사안을 만나고 싶지 않다. 청소년 범죄 데이터가 쌓이는 것을 자랑삼아 교육하고 싶지도 않다. 점점 쌓여가는 학교폭력, 위기청소년 데이터가 업데이트 되지 않길 바라는 마음이 가장 크다.

첫째가 아파서 병원 접수대에서 첫째 주민번호를 적는데 가끔씩 바로 생각나지 않을 때가 있다. 그런데 지금도 위기청소년의 생년월일 6자리는 5~6년이 지나 성인이 되었는데도 "아, 그 때 그 학생 020311~"이라며 뇌리에 박힌 아이들이 많을 정도로 데이터가 쌓였다.

앞에서도 계속 언급했듯이 학교폭력 범죄가 비단 아이들만의 문제가 아니다. 그래서 담당 학교 측에서 신학기 초에 학교폭력 예방 교육 요청 연락이 오지 않더라도 내가 먼저 담당 학교에 연락을 해서라도 학교폭력 예방 교육을 실시한다. 예전에는 신학기 초에 학부모총회에도 참석하여 10~20분의 시간을 부여받아 학부모 대상 학교폭력 등 범죄예방 교육을 진행했다.

　이렇게 SPO가 자진해서 학교폭력 예방 교육을 많이 한다하더라도 따로 수당을 받는 것도 아니다. 각 시·도청별로 SPO가 학교폭력 예방 교육 진행 시 보수를 지급하는 시·도청도 있고, 아닌 곳도 있다.(학교마다도 다르다.) SPO가 예방 교육 자료를 준비하고, 강의를 하는데 학교에서 그에 따른 수당을 지급하면 받는 것이고, 굳이 SPO가 먼저 적극적으로 수당 요청은 하지 않는다.

　다른 시·도청 SPO들은 "SPO가 학교폭력 예방 교육을 1~2회 실시하는 것도 아니고, 이제는 수당을 요청해야 한다."고 적극적으로 주장하라고 한다. 나는 SPO 초창기 학교폭력 예방 캠페인 시 아이들과 하이파이브도 제대로 못했는데 학교에 전화를 해서 강의 수당 요구하라니 가당치 않다.

　학교폭력 예방 교육 이후 1~2주가 지나 학교에서 먼저 연락이 와서 강의 수당을 지급해주겠다고 하는 경우가 종종 있다. 그럴 때에는 생각지 못한 강의 수당에 감사할 따름이다. 학교에서 강의 수당 지급 여부에 따라 강의의 질이 달라지지도 않는다. 그저 묵묵히 SPO로서 학교폭력 예방 교육 활동을 통해 학교폭력 1건이라도, 위기청소년 1명이라도 감소하길 바라는 마음이다.

코로나19 사태 이후 학교전담경찰관이 학교에 방문하는 일이 급격하게 줄었다. 아이들은 초등학교 1학년 입학부터 고등학교 3학년 졸업할 때까지 총 12년이라는 긴 시간을 학교에서 보낸다. 12년이란 긴 학교생활 중 학교폭력 사안 관련 가·피해관련학생이 되지 않는 것이 정말 중요하다. 그래서 초등학교 저학년 학생들에게 더욱 강조한다. 초·중·고등학교를 졸업할 때까지 학교전담경찰관이 매년 다를 수는 있다. 아이들이 학교를 다니면서 잘 알고 지내는 학교전담경찰관이 1명이라도 있으면 언제, 무슨 일이 생겼을 때 부모님, 선생님께 하지 못하는 말을 편하게 터놓고 할 수 있다. 10대 청소년기 학교생활 중 자신을 믿고 지지해주는 어른이 있다는 것만으로도 큰 든든함이 될 것이다. 물론 각 경찰서 SPO마다 성향은 조금씩 다르겠지만 학생, 학부모에게 어떻게든 도움이 되는 것은 확실하다.

아이들의 고충은 학교폭력 사안 관련 문제 뿐 아니라 가정 내 부모와 갈등, 아동학대 범죄 피해, 향후 진로 관련 상담, 꼭 학교폭력 사안까지는 아니더라도 교우 관계에서 발생하는 갈등 문제, 교내 선생님과의 관계 등 다양하다. 아이들의 고충을 가정 내 보호자와의 소통을 통해 해소될 수 있다면 SPO가 나서지 않아도 된다.

하지만 보호자들도 맞벌이를 통한 생계유지, 개인 일정 등으로 바쁘기 때문에 아이들의 모든 일상생활을 유심히 들여다보기는 쉽지 않다. 사실 가정 내 보호자들도 챙기지 못하는 부분을 SPO가 모두 챙기는 것도 쉽지 않다. 아무리 SPO가 아이들에게 관심을 갖는다고는 하지만 100% 부모의 역할을 할 수는 없다. 하지만 부모로서 무책임하고, 맞벌이를 핑계로 아이들을 방치·방임하는 보호자 보다는 SPO가 더 나은 것은 사실이다.

보호자의 행동과는 무관하게 대부분의 아이들은 보호자를 믿고, 의지한다. 어떻게든 어렸을 적 보호자와의 쌓은 좋은 기억들을 간직하고자 노력한다. 하지만 그 좋은 기억마저도 없는 아이들이 많다. 이러한 아이들은 학교폭력 가해자에 앞서 보호자들에게 상처를 받은 아동학대 피해자인 셈이다. 오죽했으면 자신을 낳아주고 길러준 보호자에게 등을 돌렸을까. 분명한 것은 아이가 먼저 보호자를 배신하고, 등을 돌렸을 리는 없다. 어렸을 때부터 보호자들에게 받은 상처와 믿음이 깨진 나머지 향후 청소년 비행 및 범죄 행위로 이어지게 된다.

SPO로서 현재는 초·중·고등학생을 대상으로 범죄·폭력 행위는 피해자의 입장에서 해석해야 함을 교육하고 주장하고 있는데 이를 간과하고 있는 보호자들에게 더욱 힘주어 이야기를 하고 싶다. 나름 예전부터 교육지원청, 담당 학교에 학생 대상 예방 교육 뿐 아니라 학부모총회 개최 등 보호자 대상 예방 교육을 가능한 지에 대해 문의를 많이 했다. SPO 뿐만 아니라 학교 측에서도 노력을 많이 해주었다.

하지만 대부분 보호자들이 "생계유지 차원에서 일을 나가서 돈을 벌어야 하는데, 필수도 아닌 부모 교육을 들으라고요? 회사에서도 싫어 할 테고, 고작 부모교육을 들으려고 하루 연차를 낼 보호자는 없을 거예요."라고 딱 잘라 말한다. 대한민국의 현실이다. 꼭 형식적인 교육이 아니더라도 우리 아이들이 안전하고 즐거운 학교생활을 할 수 있도록 보호자들 간 허심탄회하게 터놓고 이야기를 할 수 있는 소통의 장이 마련되길 바란다.

학교폭력 예방 교육 시 '폭력'은 피해자의 입장에서 해석해야 한다고 교육을 하면 꼭 적극적으로 질문하는 아이들이 있다. "피해자가 먼저 저한테 패드립을 해서 하지 말라고 몇 번이나 이야기 했는데도 그만두지 않고 계속하면요? 5번 넘게 참다가 1대 때렸는데 1대 때린 학생이 가해학생으로 학폭위가 열렸어요. 그 친구가 너무 억울해 했어요." 좋은 질문이다. 일단 나는 이렇게 답을 한다. "5번 넘게 놀리면 5번 넘게 참아야 한다고. 물론 10대 어린 나이에 또래의 놀림을 참는 것은 상당히 힘들다. 그건 우리 어른들도 마찬가지이다. 그래도 결코 폭력으로 대응하는 것은 절대 안 되며, 부모님, 학교 선생님, 학교전담경찰관 등 어른들의 도움을 통해 해결해야 한다고 강조한다.

피해자(자녀)의 도움 요청에 스스로 해결해보라고 말하는 보호자들도 간혹 있지만 학교폭력 등 범죄 피해에 관련해서 아이들 스스로 해결하다가 사안이 더 커질 수도 있다. 일방적인 피해 사안인데 폭력으로 대응하다가 서로 쌍방 폭행으로 번져 학폭위가 각각 가해, 피해 관련학생으로 2건이 개최될 수 도 있다. 물론 위와 같이 부모와 자녀 간 대화가 원활하게 이루어지기 위해서는 역시나 어른들이 아이들과 사전에 '라포' 형성이 되어 있어야 한다. 평소에 대화 한 번 없다가도 갑자기 도움을 요청할 수 있는 곳이 있긴 있다.

범죄 신고 112, 학교폭력 상담·신고 117

경찰청은 초등학교 1학년 입학 때부터 학교폭력 신고 및 상담 전화 117 번호를 적극적으로 홍보를 한다. 학교폭력 예방 교육 시 아이들에게 질문을 하면 다들 큰소리로 대답을 잘한다. 하지만 실제로 학교폭력을 당한 피해자는 평소 알고 있던 117 번호도 기억하지 못할 정도로 소위 '멘탈(Mental)이 깨진다.'고 한다. 그래서 피해 학생의 옆에 있던 친구가 117에 전화를 해서 대신 신고를 해주는 경우도 있다.

초등학생 자녀를 둔 보호자들은 학교폭력 신고, 상담 전화 117 정도만 알고 있다가 필요 시 언제든지 전화하여 상담을 받으면 된다. 자녀들에게도 117을 알려준 뒤, 보호자가 없는 긴급한 상황에서 언제든지 연락할 수 있음을 안내하고, 사안이 경미하다고 판단되면 보

호자에게 먼저 연락한 뒤 보호자가 직접 117에 전화하여 상담 및 신고를 하면 된다.

거창할 필요 없는 부모 교육

우리는 어렸을 때부터 '교육'이라는 용어에 대해 거부감을 가지고 있다. 교육이라고 하면 대부분 주입식 암기 교육, 쌍방 소통이 아닌 일방적인 교육, 재미없고 지루한 내용의 교육으로 이루어져 있다고 생각하기 때문이다. 이에 지루함을 탈피하고자 교육 강사가 주로 전달하려는 내용보다 너무 흥미 위주로 교육을 진행하면 수강자 입장에서 들을 때에는 시간가는 줄 모르고 웃으며 듣지만 교육을 마치고 나면 기억에 남는 것이 없을 수도 있다.

나는 교사도 아니고, 청소년 관련 전문가도 아니다. 그저 학창시절에 학생부장 선생님을 꿈꿔 사범대에 진학하여 '예비교사'라는 타이틀을 가졌을 뿐이다. 아이들과 소통하기를 좋아했다. 그리고 보호자 역할의 중요성에 대해 가까운 지인들과 이야기를 나누는 과정에서 힘주어 이야기를 했다. 그리고 학교전담경찰관 업무 중 실제 현장에서 아이들, 보호자들을 만나며 보호자 역할의 중요성은 점차 100%가 되었다.

이렇게 책을 쓰면서 청소년 관련 심리학자, 심리학 용어를 넣으면 조금 더 있어 보이는 책이 될 것이다. 하지만 굳이 어려운 책을 쓸 마음이 없다. 애초에 아동·청소년 등 자녀 교육 관련 전문 서적은 이미 서점에 많다. 내가 지금 하고 있는 것은 구체적인 정보 전달보다는 우리 사회, 보호자들에게 10대 청소년이 처한 현재 상황을 알리고 싶었다. 부탁과 호소에 가깝다.

위기청소년의 보호자 중 어쩔 수 없이 지속적으로 연락하는 보호자들이 종종 있는데 아래와 같이 호소를 한다.

"경찰관님, 우리 아이가 또 사고를 쳤네요. 어떻게 해야 할까요?"
"어머님, 제가 예전부터 말씀드린 것 같습니다. 지금 돈 조금 더 버시려고 맞벌이하시면서 야간 근무까지 종종 하시는데 제가 봤을 때에는 야간 근무 하실 때가 아니고 어머님이라도 아이 케어에 집중하셔야 할 것 같습니다. 솔직히 말씀드리면, 제가 아는 것만 지금 몇 개월째 일해서 버는 수입보다 아이 합의금으로 더 많이 나가고 있는 것으로 알고 있습니다. 일하면서 몸은 몸대로 힘드셔서 건강을 잃으시고, 그만큼 경제적인 이익이 나는 상황도 아니니까 회사에 한 번 말씀해 보세요. 당분간만이라도 주간 근무만 할 수 있는지"
"예, 경찰관님 말씀대로 지금 돈이 중요한 상황이 아닌 것 같아요. 돈 벌어서 치료비, 합의금으로 다 나가고 있네요. 회사에서 주간 근무만 힘들다고 하면 다른 회사로 이직을 해서라도 바꿔볼게요. 감사합니다."

부모 교육이라고 해서 거창할 필요가 없다고 생각한다. 자녀 관련 문제가 발생하는 등 도움이 필요할 때 서로 도와주고 언제든지 소통할 수 있는 분위기가 조성되길 바랄 뿐이다. 우리 아이가 흡연, 음주 등 비행 행위 및 학교폭력 등 범죄 행위에 연루되었을 때 보호자로서 처음에는 당황할 수 있다. 보호자는 '내가 보호자로서 역량이 부족해서 아이가 비행 행위를 한다.'고 생각할 수도 있다. 보호자가 이런 생각을 한다는 것 자체가 그나마 개선가능성이 있다고 생각한다.

영화나 드라마를 보면, 대부분의 보호자는 자녀의 비행이나 범죄 행위에 대해 낱낱이 밝히고 해결하려고 하지 않고 숨기기 바쁘다. 영화나 드라마가 아닌 우리가 사는 실제 현실 세계에서도 비슷한 경우가 많다. 자녀가 행한 학교폭력 가해 상황을 보호자의 치부라고 생각해서 감추는 경우가 많은데 이렇게 대놓고 자녀의 가해 행위를 감추는 상황을 만나게 되면 안타까울 뿐이다.

보호자들도 제대로 된 부모 교육 한번 받지 못한 채 어느 순간 엄마, 아빠, 보호자가 되었기 때문에 아이와 마찬가지로 어설프고 서툴 수 있다고 생각한다. 이렇게라도 생각하고 싶다. 아래 보호자의 질문들은 정말 사소한 부분일 수도 있는데 보호자의 진정성이 느껴진다.

"(어쩔 줄 몰라 하며) 우리 아이 가방에서 담배가 나왔는데 어떻게 해야 할까요?"

"카카오톡단체방에서 친구들과 이상한 영상을 주고받는 것을 확인했는데 어떻게 해야 할까요?"

"어느 날 갑자기 아이가 학교에 가지 않는다고 하는데 어떻게 해야 할까요?"

사실 예전 같았으면 애초에 '어떻게 해야 할까요?'라는 물음에 앞서 보호자의 애정 어린 손길이 먼저 나갔을 것이다. 그리고 자녀가 마음을 추스르기도 전에 '어서 학교에 가라'며 다그쳤을 것이다. 그 보호자의 손길 효과는 그 순간으로 끝이다. 개인적으로 보호자가 위의 물음처럼 고민하는 것이 보호자 또한 성장하고 성숙해지는 과정이라고 생각한다.

자녀의 가방에서 담배가 나왔다면? '뭘 고민해 혼내야지', 아이들끼리 이상한 영상을 주고받는다면? '스마트폰을 압수해서 영상을 당장 삭제 해야지', 아이가 학교에 가지 않는다고 하면? '억지로 때려서라도 학교에 보내야지'. 라고 대답하는 보호자가 있다면 어서 빨리 부모 교육을 받길 바란다. 향후 해당 보호자의 자녀는 더 크게 반항하는 모습을 보일 수 있다.

다시 말하지만 부모 교육이라고 해서 절대로 거창할 필요가 없다. 아이 앞에서 조급해 할 필요도 없다. 심호흡 한 번 하고, 먼저 자녀의 이야기를 들어봐야 한다. 심호흡을 하라고 해서 자녀에게 절대로 '쓰읍~'을 하라는 것이 아니다. 요즘 '쓰읍~'은 36개월 미만 아이들한테도 통하지 않는다. 호흡을 하고 조금 진정됐다 싶으면 바로 훈계를 시작하는 보호자들도 있는데 한 번 더 진정한 후 꼭 자녀의 이야기를 들어주길 바란다.

물론 보호자가 대화를 시도했을 때 기다렸다는 듯이 자신의 이야기를 바로 털어놓는 자녀들도 있다. 하지만 모든 자녀가 자신의 속 이야기를 앞에 있는 사람이 부모라고 해서 무조건 바로 털어놓는 것은 아니다. 어렸을 때부터 부모와 자녀 사이에 깊은 유대 관계가 형성되어 있다면 애초에 이 단계까지 오지도 않았을 것이다.

자녀의 이야기에 맞대응하기 보다는 자녀가 생각하고 있는 부분, 원하는 것들을 충분히 들어준 뒤 자녀에게도 부모의 이야기를 들을 준비가 되었는지 꼭 물어봐줘야 한다.

곧 초등학교에 입학하는 아들과 인문고전 학습만화 중 루소 '사회계약론' 앞부분을 읽던 중 기초 내용에 대해 이야기를 나눴다. '사회'란 같은 목적을 지닌 여러 사람이 이룬 공동체를 의미하고, '가정'은 가족 간의 화합과 사랑을 목적으로 혈육끼리 이룬 사회이며, '학교'는 배움을 얻고자 하는 학생들이 선생님과 함께 모여 이룬 사회라고 한다. '계약'이란 서로에게 이득이 되는 목적을 이루기 위해 나와 상대방이 맺은 약속을 말한다.

루소는 '인간은 태어날 때부터 누구나 자유로운 존재'라고 주장을 했다. 인간이 태어나 사회를 이루기 전까지는 자연 상태에 놓여 있는 원시인과 같다. 인간들은 자유롭게 떠돌다가 짐승들의 먹이가 되었고, 점차 안전하게 지낼 궁리를 하게 되었다. 마침내 인간들은 혼자 지내는 것보다 집단으로 무리지어 지내는 게 더 안전함을 깨닫게 되었다. 하지만 집단으로 무리지어 지내다보니 인간들 사이에서 서로의 욕심을 채우고자 싸움이 일어났다. 그 집단은 국가, 사회, 학교, 가정 등이다. 각 사회마다 각자에게 주어진 책임져야 할 것, 포기해야 할 것 등이 있었다. 그들은 이에 대해 합의를 하고, 그것을 지키기로 약속을 했다.

부모로서 마땅히 자녀를 훈육하고 보호해야 할 책임을 저버린다면 그에 따른 청소년 비행, 범죄 문제들을 우리 사회가 고스란히 떠안아야 할 것이다. 누구나 아는 '소 잃고 외양간 고친다.'라는 속담처럼 일이 이미 잘못된 뒤에는 손을 써도 소용이 없거나 너무 늦어버린 셈이다.

부모가 자녀의 이야기를 먼저 들어줘야 하듯이 우리 사회가 미처 부모 준비가 제대로 되지 못한 보호자들을 대상으로 이제부터라도 '부모 교육', '부모 소통'에 대해 관심을 갖고 단 몇 시간이라도 필수적으로 이수하게끔 했으면 좋겠다. 학교폭력대책심의위원회 내 선도 처분 결정 중 학교폭력 가해학생 보호자 대상 특별 교육 이수는 부모 교육 보다는 선도 조치로 뒀으면 좋겠다. 특별 교육은 특별 교육대로 이수하고, 전문적인 부모 교육을 강화했으면 하는 바람이다.

내가 말하는 진정한 부모 교육이란 초등학교 입학을 앞둔 예비 초등학생 보호자 혹은 임신하여 출산을 앞둔 예비 부모, 결혼을 앞둔 예비 신혼부부들을 대상으로 '부모 교육'을 필수적으로 이수하게 하여 이수 대상자에 한해 복지 혜택을 주는 등 부모 교육이 활성화되길 바란다.

부모 교육에 대해 이야기하면 자녀를 키우는데 무슨 부모 교육까지 필요하냐며 유난떨지 말라고 하는 인생 선배들이 간혹 있다. 과연 부모 교육에 대해 적극적으로 주장하는 것이 유난떠는 것인지는 두고 볼 일이다.

뭐든 처음이 어렵다

초등학교 1학년 입학 예정인 첫째 아들은 뭐든 처음 접하는 것에 강한 거부감을 보인다. 이것저것 가리지 않고 탐색해봤으면 좋겠다고 생각하며 부모로서 답답해했던 적이 많다. 주말이면 늘 다양한 체험들을 시도하였다. 나는 아들 옆에서 "한 번만 해봐~"를 외치다가 포기한 적도 있다. 도대체 누굴 닮아 저렇게까지 조심스럽고 신중하고 예민할까? 곰곰이 생각하다가 문득 내 자신이 떠올랐다. 바로 내 모습이었다.

사람이라면 누구나 처음 해보는 것에 대한 기대감, 불안감 등을 느낀다. 예를 들어 신학기 진학을 앞둔 학생이라면 각 학년마다 새롭게 배우는 교과목 내용에 대한 기대감, 새로운 학급에서 처음 만나는 또래 친구들에 대한 기대감 등 일상생활 중 처음 접하는 것들에 대한 기대, 불안함이 늘 존재한다. 그래도 크게 걱정할 필요는 없다. 사람은 '적응의 동물'이라고 한다. 그렇기 때문에 뭐든 처음 만났을 때의 어색함과 낯설음도 잠시 뿐이다. 시간이 흘러 친근하게 적응하거나 반대로 자신과 잘 맞지 않는다고 생각하면 돌아서서 만나지 않으면 된다.

내가 만나는 위기청소년들도 주변 환경에 영향을 많이 받고, 그 환경에 아주 잘 적응하는 아이들이 많다. 가정 내에서 아동학대 피해를 받고 가출하여 장기간 방황하다가 24시간 운영하는 무인빨래방에서 잠을 해결한다. 일단 잠은 해결했으나 다음으로 배고픔을 해결할 방법이 없다. 마침 무인빨래방 건너편에 무인점포가 아주 크게 보인다. 아이는 무언가에 홀린 듯 무인점포에 들어가서는 그 간 참았던 배고픔을 단숨에 해결한다. 무인점포 내부를 촬영하는 CCTV만 5대가 운영 중이었다. CCTV가 자신을 지켜보는 것은 안중에도 없다. 아이는 신경을 쓰지 않고 눈에 보이는 대로 손에 잡히는 대로 음식물을 개봉해서 먹는다. 이 아이의 첫 범죄는 12,000원어치 무인점포 절도 행위였다.

이 아이는 무인빨래방에 가기 전부터 이미 배가 고픈 상황이었으나 너무 졸린 나머지 그때는 배고픔을 참을 수 있었다. 무인빨래방에서 따뜻하게 한숨자고 일어난 뒤에는 허기짐을 참을 수 없었다. 이 아이는 무인점포 절도 행위에 대해 분명히 잘못된 행동임을 인지했으나 당시에는 행동을 멈추지 못했다.

첫 무인점포 절도 행위를 할 때에는 머뭇하는 모습을 보였고, 자신의 행동에 대해 반성하는 모습도 보였다. 하지만 그 이후 가출 행위부터는 무인점포 절도 행위가 아닌 늦은 밤 어두운 골목에 주차되어 있는 차량의 문을 여는 '차량털이' 절도 행위를 일삼았다. 절도 행위 관련해서도 처음에는 적발될까봐 걱정이 앞섰으나, 범죄 행위에도 금방 적응을 한 것이다. 처음 경찰서에 방문했을 때에는 긴장하는 모습을 보였으나 그 이후 재방문 시에는 한결 여유로운 모습을 보여주었다.

'뭐든 처음이 어렵지, 그 다음부터는 쉽다.'는 상황을 SPO업무를 하면서 많이 봤다. 10대 청소년기에 절도, 폭행, 사기 범죄 행위를 하여 경찰서에 입건된 전력이 있는 대상자들이 20대 초반 성인이 되어서도 택시 시비, 주취 폭행·소란, 음주운전 등의 행위를 하여 경찰서에 방문한다는 점이다. 당연히 범죄소년 전력이 있다고 해서 성인이 되어 경찰서에 재방문률이 100%는 아니다. 범죄소년 전력이 있는 아이들이 성인이 되어 경찰서 주차장에서 만나면 나를 알아보고 반가움의 인사도 잠시, 범죄 행위에 연루되었을까 걱정하며 묻는다.

"왜 또 왔어?"

"폭행 피해자로 조사 받으러 왔습니다.~"

"운전면허증 받으러 왔습니다. 이제 사고 안쳐요 진짜"

위와 같은 답변이면 다행이고, 반갑고 좋다. 하지만 "어젯밤에 친구들이랑 술을 마시다가 옆 테이블하고 시비가 붙어서 폭행 관련 합의하러 왔습니다. 합의하면 괜찮겠죠?" 20대 성인임에도 아직도 천진난만한 표정을 지으며 여유 있는 '합의왕'스러운 모습을 보인다.

처음에는 이런 광경이 놀라웠다. 10대 청소년기부터 각종 범죄 행위를 하여 경찰서에 자주 드나들면 성인이 되어서도 경찰서 방문이 크게 어렵지 않다는 것을 직접 봐왔다. '뭐든 처음이 어렵고 무섭다'는 말과 함께 '습관이 무섭다'는 말처럼 비행 및 범죄 행위도 결국 습관이다. 습관(習慣)이란 어떤 행위를 오랫동안 되풀이하는 과정에서 저절로 익혀진 행동 방식이다.

우리 아이들이 어렸을 때부터 가장 많이 보고 배우고 습득하는 곳이 바로 '가정'이다. 스마트폰, 패드 등 매체 중독, 게임 중독, 욕설 행위 등 아마도 먼저 접하는 환경이 가정, 학교, 학원, 놀이터, 키즈카페 순일 것이다. 아이들은 듣고, 보고, 만져본 것 등 경험한 것들을 습득, 흡수하는 능력이 정말 탁월하다.

보호자들이 자동차 운전 중 무의식적으로 욕설 행위를 하는 경우가 있다. 뒷좌석에서 우리 아이들은 그게 무슨 뜻인지도 모르고 그대로 따라한다. 잠시 뒤, 아이가 '이씨, 아이씨'라고 하면 보호자들은 그때서야 "너 방금 그 말 어디서 들었어? 어디서 배웠어?"라며 아이에게 큰소리치며 잘못을 덮어씌운다. 아이 입장에서는 자신이 제일 좋아하는 엄마, 아빠가 하는 행동, 말을 정확한 뜻도 모른 체 사용한 것인데 운전하던 아빠가 자신에게 이상한 말을 했다며 혼낸 셈이다. 아이 입장에서는 충분히 억울한 상황이다. 방금 엄마, 아빠가 아이 앞에서 '에이씨'라고 분명하게 말한 것을 아이는 뜻도 모른 체 복명복창했을 뿐이다. 심지어 아이는 정말 뜻도 몰랐다! 아이가 무슨 잘못을 한 것일까. 내 생각에 아이는 그저 사랑하는 엄마, 아빠를 따라했을 뿐이다!

스마트폰, 게임, SNS(Shorts) 중독 문제도 마찬가지이다. 갓난아기들이 무엇을 알겠는가. 하루 종일 누워서 보호자들이 스마트폰을 들여다보는 모습을 보며 그 작은 손으로 엄마, 아빠처럼 액정에 손가락을 대고 올렸다가 내렸다가를 반복한다. 보호자는 아이의 그 모습마저 귀엽다며 촬영해서 SNS에 게시한다.(분명 그 모습이 귀여운 것은 사실이다.)

결론을 말하자면 아이들은 가정 내 보호자의 언어·비언어적 표현과 억양, 단어 사용 수준까지 모든 면을 닮는다는 것이다. 내 배 아파 낳은 자식이 나를 닮는 것은 어쩌면 당연한 것이다. 선천적인 유전자, DNA를 닮은 것은 어떻게 할 수 없다. 하지만 가정환경 등 후천적인 환경은 더 좋은 방향으로 바꿀 수 있다는 희망이 있다.

그러니 제발 우리 아이가 욕을 한다고, 학교에 가지 않겠다고, 방에서 게임만 하겠다고 고집을 피우기 전에 애초에 이런 상황이 발생하지 않도록 사전에 예방해야 한다. 자녀가 어렸을 때부터 자신이 해야 할 일에 대한 구체적인 지침과 하고 싶은 것에 대한 통제력, 절제력을 길러줘야 한다. 어른들도 도박 중독, 마약 중독, 게임 중독, 알코올 중독 등 중독 문제에서 빠져나오기 쉽지 않다. 하물며 아직 미숙한 10대 청소년들은 달콤한 유혹에 더욱 현혹되기 쉽다.

자녀가 올바른 생활 습관을 가지길 바란다면 가정 내에서 말로만 강요하지 말고, 보호자가 먼저 솔선수범해서 몸소 보여주면 된다. 바른 생활 습관을 기르는 것도 마찬가지이다. 뭐든 처음이 어렵지, 꾸준히 하다보면 어느새 습관화될 것이다.

스위트 홈

⟨Sweat Home⟩

"자꾸 가출하는 이유를 말해줄 수 있을까?"
"왜 밤늦게까지 집에 들어가지 않는 거야?"
"왜 학교 가기를 싫어하는 거야?"

"재미 없어서요."

"왜 귀가 안하고 친구들하고 당구장, PC방, 노래방에서 사는 거야?"

"재미 있어서요."

내가 만난 위기청소년들의 대답은 짧고 간단했다. 자신들의 하루 일과 중 대부분의 시간을 보내는 곳과 이유에 대해 물어보면, 모두가 '재미'를 추구했다.

"그럼 지금 같은 집 분위기 말고, 집이 재미있고, 따뜻한 분위기에 가족들하고 오붓하게 저녁 식사를 한다고 생각하면 어떨 것 같아?"

"그럴 일 없어요."

"아니 만약에 그러면 집에서 보내는 시간이 많아질 것 같아?"

"네 집에서 잔소리 안하고, 집이 재미있으면 집에서 저녁을 먹을 것 같아요."

아이들의 가정사를 자세히 들어보면, 나 같아도 귀가하고 싶지 않았을 것 같다. 물론 아이들의 이야기만 듣고 판단하는 것은 금물이다. 꼭 보호자 측의 입장도 들어봐야 한다. 양 측의 이야기를 모두 들어봐야지, 한 쪽의 입장만 듣는 것은 아무래도 한 쪽에 치우쳐서 판단할 수밖에 없다.

나도 집에서 아내에게 무언가 필요한 것을 이야기를 할 때, 한소리라도 덜 듣고자 어떻게든 내가 유리한 쪽으로 이야기를 하는 편이다. 그래도 결국 다 걸린다. 그러니 말하는 입장에서는 솔직하게 다 말하고, 듣는 입장에서는 모든 사람의 이야기를 다 들어봐야 한다.

일단 아이들의 이야기를 최대한 믿으면서 듣는다. 듣다 보면 지금 듣는 이야기가 현실인지 아닌지 헷갈릴 때가 있다. 아이들에게 가장 아늑하고 편안해야 할 집 분위기가 '지옥'처럼 느껴진다는 것이다. 이 면담 내용을 보호자에게 전달하면 보호자는 혀끝을 차며 당황해하는 모습을 보인다. 보호자 입장에서는 가정의 화목함이 깨진 것이 오히려 자녀가 사춘기 때 친구를 잘못 만나 가출을 일삼고, 경찰서에서 지속적으로 연락이 오기 때문이라고 진술한다. 부모와 자녀 간에 발생하는 비슷한 갈등 문제들을 듣다 보면 서로를 탓하기 바쁘다. 문득 '닭이 먼저냐 알이 먼저냐'가 떠오를 정도이다.

아이는 아이대로 어렸을 때부터 집은 무서웠고, 하루도 빠짐없이 보호자에게 폭행 피해를 당하는 등 하루하루가 지옥 같았다고 한다. 부모 자격이 없는 보호자 때문에 자신이 이렇게 방황하고 비행을 시작하게 되었다고 한다. 반대로 보호자는 보호자대로 '아이만 없었어도 배우자와 육아 문제로 다투지 않았을 테고, 그럼 지금보다 부부 사이도 더 좋았을 텐데'라며 자녀를 출산한 것 자체를 진심으로 후회하는 보호자도 있었다.

이정도면 그냥 하루 이틀 티격태격하다가 다음 날 아무 일 없다는 듯 부대껴 사는 가족의 모습이 아니었다. 실제로 서로 간 눈만 마주쳐도 으르렁대며 서로 잡아먹지 못해 안달이 난 모습들도 종종 봤다.

아이들만 'Sweat Home'을 원하는 것이 아니다. 보호자들도 당연히 가족 간 화목하고 평화로운 분위기를 원한다. 가정법원 위탁보호위원으로 만난 중학교 2학년 여학생은 집에서 칼(흉기)을 들고 모친을 위협하여 보호처분을 받았다. 위탁보호소년과 모친을 함께 만났다. 보호소년은 처음 30분 간 매우 낯설어하였다. 나의 이런저런 질문에 아주 작은 목소리로 대답했으며, 눈도 제대로 마주치지 못할 정도로 수줍어하였다. 이런 아이가 '도대체 왜' 집에서 엄마에게 칼을 들고 찌를 것 같은 행위를 했을지 의문이었다. 먼저 칼을 든 이유에 대해 물었다.

"스마트폰 게임을 시작한지 30분도 안되었는데 뺏어가서 화가 나서 그랬어요. 맨날 30분도 못하게 해요."

아이는 자신의 스마트폰을 뺏겼다는 이유로 칼을 들었다고 했는데 침묵을 유지하던 어머님이 조심스레 입을 열었다.

"딸아이가 초등학교 때부터 치료 목적으로 꾸준히 약을 복용하고 있는데 약을 깜빡하고 몇 시간만 복용하지 않으면 다른 사람으로 돌변해요. 약을 꾸준히 챙겨먹어야 하는데 약을 거부하고 있어서 그런 날이면 저녁마다 예민해지고 불평하고 저한테 맨날 뭐라고 해서 너무 힘들어요. 아! 이제는 제 머리채를 붙잡고, 칼을 드는 행위만 하지 않아도 그나마 버틸만해요."

어머님의 진술을 듣기만 했는데도 어머님도, 아이도 하루하루가 얼마나 힘들고 고통스러웠을지 생각하니 너무 안타까웠다. 아이가 약을 꾸준히 잘 복용하면 세상에서 가장 애교 많고 사랑스런 딸의 모습을 보여준다고 한다. 어머님은 체념한 모습이었다. 보호자가 112신고를 해서 자녀가 입건되었다. 이 세상에서 과연 어떤 부모가 자녀를 경찰서에 신고해서 입건시키고 싶었을까 싶다. 이번 사안의 경우, 어머님은 자신의 생명을 지키고자 112신고를 한 것이다.

아이의 아빠는 수 년 전 가족을 두고 도망을 갔다고 한다. 이 어머님은 하루도 빠짐없이 아픈 딸을 돌보고자 하루하루 최선을 다했다. 자녀를 112신고하여 입건시킨 어머님을 절대로 욕할 수 없었다. 혼자서 얼마나 힘들었을지 생각하니 마음이 적적했다. 아이 또한 자신과 힘든 싸움을 하고 있었던 것이다.

이 힘든 와중에도 어머님의 바람은 "내가 나이 들어 없어지면 우리 딸아이 혼자 이 험난한 세상을 살아가야 하는데 그게 늘 걱정이에요."라며 자신이 힘든 순간에도 아픈 자식을 걱정하고 있었다.

학교전담경찰관으로서 가정법원 위탁보호위원으로서도 위기청소년 대상 24시간 밀착 케어가 쉽지 않다. 이런 상황에서는 위기청소년과의 소통 뿐 아니라 보호자와도 꾸준하게 연락을 해야 한다. 보호자와 연락을 하면서 가정 내 특이사항을 확인함과 동시에 가능하다면 보호자 케어도 해주면 좋다. 보호자 케어라고 해서 전문 상담 스킬을 요하지 않는다. 그저 이야기를 들어주면 된다. 나 같은 경우 대면 면담이 힘들 경우에 사무실 출·퇴근 등 차량 이동 시간에 통화 시간을 확보하는 편이다. 보호자의 이야기를 듣다가 필요한 부분이 있으면 전문 상담 기관, 치료 기관에 연계해해주면 된다. 아이나 보호자에게 어떻게든 도움이 된다면 늘 최선을 다할 것이다.

〈엄마의 큰 욕심이 부른 남매의 비극〉

어디서부터 어떻게 이야기를 시작해야 할지 모르겠다. 가출 등 청소년 비행, 가정폭력, 아동학대 신고 사안 관련된 소녀와 어머님을 수없이 만났다. 실제 대면 면담도 많이 하고, 통화도 한번 하면 오래도록 했다. 너무나 많은 대화를 나눴기에 가족까지는 아니지만 정말 그 집에 숟가락이 몇 개 있는 것까지 알 수 있을 정도로 소통했던 가정이었다. 대부분의 사람들은 보이는 것만 믿는 경향이 있다. 나부터가 그랬다. 이번 사안에서 나는 어머님의 진술을 수없이 들었으며 결과적으로는 어머님에게 속았다고 볼 수 있다.

"애들 아빠하고는 아이들이 유치원 다닐 때 헤어졌습니다. 첫째 아들은 방에서 나오지도 않고 매일 게임만 합니다. 그나마 둘째 딸이 초등학교 때까지 공부도 잘하고, 무용도 하고, 악기도 잘 다뤘는데 중학교에 진학해서 갑자기 왜 이러는지 모르겠네요. 애들 아빠, 아들은 어쩔 수 없다고 해도 저한테 남은 건 딸 하나뿐인데. 제 인생이 무너질 지경입니다. 어떻게 좀 도와주세요."

어머님의 진술은 절규에 가까웠다. 너무나 간절했기에 어떻게든 도와야겠다고 생각했다. 어머님의 진술대로라면 둘째 딸의 비행 행위 시작은 약 2개월 정도 된 것 같다고 한다. 이를 참고하여 소녀를 만났다.

"솔직히 말씀드리면 오빠나 저나 엄마 때문에 이렇게 된 것 같아요. 어릴 때부터 엄마는 하루 종일 공부만 시켰어요. 적당히 시켜야 하는데 차라리 자유롭게 놔줬으면 오빠나 저나 공부를 더 잘 했을 거예요. 오빠는 저보다 공부도 훨씬 잘했고 운동도 잘했어요. 저는 초등학교 때부터 공부도 하고 아이돌 연습생까지 하느라 밤11시에 겨우 서울에서 막차타고 혼자 그렇게 다녔어요. 처음에는 무섭기도 하고 힘들기도 했는데 몇 개월 지나다보니 금방 적응하긴 했어요. 초등학생 때 친구들하고 거의 놀아 본 기억이 없었는데 중학교에 입학해서 만난 친구들이 저와는 다르게 자유로워 보였고 학원을 다니지 않는 친구들이 부러웠어요. 그때부터 저도 엄마 몰래 학원을 빠지고 담배도 피워봤어요. 그리고 초등학교 때부터 혼자 서울에 다녀봐서 이제는 가출해서 의정부, 평택 정도는 쉽게 찾아갈 수 있어요. 아는 또래 친구들도 많아져서 자는 것, 먹는 것을 걱정하지 않아도 되는 상황이에요."

소녀는 나와의 첫 대면 면담부터 자기표현을 또박또박 잘 해줬다. 그러면서 지금까지 실천에 옮긴 것들이 상습 가출, 무인점포 절도, 전동킥보드 운전 중 교통사고, 오토바이 무면허 운전 등이었다.

어머님은 날이 갈수록 야위었으며 일상생활 자체가 불가능해졌다. 어머님은 끝까지 자신의 교육관에 대해 부정하지 않았다. 어머님은 예전에 서울 아파트에서 거주하다가 배우자와 이혼을 하고, 인천으로 이사를 왔다. 두 아이 사교육을 위해 조그만 빌라에서 거주하며,

자신이 먹고 싶은 것, 입고 싶은 것을 모두 참았다. 오로지 아이들의 교육만 생각했다고 한다. 그러나 그 결과는 참담했다.

어머님의 현재 심정은 아들, 딸 모두 얼른 성인이 되어 독립했으면 좋겠다고 한다. 첫째 아들이야 집에서 게임만 하고 있으니 범죄 걱정은 없었다. 문제는 둘째 딸이 아이돌 연습생까지 했을 정도로 또래 친구들 사이에서도 인기가 많았다. 딸이 직접 범죄 행위를 하지 않더라도 성범죄 피해까지 걱정을 해야 하는 상황이었다.

아이들의 학업 성취에 대한 개인적인 의견은 아이가 흥미를 보이고 스스로 공부를 하고 싶어 할 때 지지를 해줬으면 좋겠다. 보호자의 지지에 감사함을 느끼는 아이들이 훨씬 많겠지만, '뭐든 과하면 체한다.'는 말처럼 아이가 받아들일 수 있는 정도에 한해서 적당히 챙겨줬으면 좋겠다. 부모의 욕심으로 인해 아이의 일상도 마비되었다. 가장 좋은 방향은 부모가 먼저 아이의 의사를 파악한 후 서로 조율하며 나아가는 것이다.

육아 관련 전문가는 아니기에 정답을 제시할 수 없다. 그리고 애초에 선천적으로 타고난 기질, 성향과 후천적으로 주어진 환경이 모두 다르기 때문에 틀에 맞는 정답도 있을 수 없다. 정답이 없다고 해서 아이들이 하고 싶은 대로 하라고 막 놔둘 순 없다. 가정마다 나름의 규칙과 기준을 세워 적어도 타인에게 피해를 주어서는 안 된다. 여기서 타인에 속하는 사람은 가장 소중한 가족도 포함한다. 배우자, 자녀를 소중한 인격체로 대해줘야 한다. 위 어머님처럼 자식을 자신의 소유물로 인식하면 안 된다.

내 가족을 먼저 소중히 여기고, 가정을 지킨 후, 다른 사람들에게 친절을 베풀면 된다. 간혹 보면, 가정 밖에서는 넉살 좋고 인기 많은 사람인데 가정 내에서는 다중인격이 의심될 정도로 다혈질적인 모습, 잔소리 대마왕의 모습을 보이는 보호자들이 있다. 혹은 밖에서 에너지를 모두 소비하여 집에서는 가족들과 말 한마디 하지 않는 보호자들도 있다고 한다.

물론 가정 분위기가 매일 시끌벅적하고 화목할 수는 없다. 그래도 가정 내에서 보호자나 자녀 모두 노력해야 한다. 아이들에게 깜깜하고 칠흑 같은 지옥을 선사하기 보다는 밝고 화목한 Sweat Home을 선사하길 바란다.

학교전담경찰관은 미드필더

축구 포지션 중 '미드필더'(Midfielders)가 있다. 미드필더란 공격수(FW)와 수비수(DF) 사이에 위치하며 플레이하는 선수를 뜻한다. 2015년 학교전담경찰관 경력경쟁채용 1기로 입직하여 수많은 사안들을 만나며 늘 내 역할과 위치에 대해 고민했다.

학교전담경찰관은 지구대, 파출소의 현장경찰관처럼 112신고 출동을 하지 않는다. 형사과, 수사과처럼 피의자를 검거하여 수사를 하지도 않는다.(시·도청별로 차이가 있을 수 있다.) 그래서 조직 내에서 학교전담경찰관이 어떤 업무를 하는지에 대한 의문을 넘어 종종 조롱까지도 받는다. 심지어 조직 내 지휘관들 중에서 학교전담경찰관의 존재 자체를 부정하는 의견도 있었다. 이에 대해 분명하게 말할 수 있다. 직접 학교전담경찰관 업무를 해보지 않았고, 편한 모습만 보고 판단한 것이라고.

실제로 위기청소년을 한 번도 만나보지 않은 직원이 지방청, 본청 담당자로 있는 경우도 있었다. 가끔씩 담당자에게 전화가 와서는 현장SPO에게 묻는다.

"실제 현장에서 중학생들이 직접 담배를 구매해서 피나요?"
"진짜로 초등학교 여학생이 조건만남 앱(어플)으로 성매매를 하나요?"
"요즘 현장 분위기는 어떤가요?"
"위기청소년들의 보호자들도 직접 만나시나요?"
"애들이 학교전담경찰관에게도 예의 없는 행동을 보이나요?"
"실제로 대화가 통하지 않는 보호자 분들이 계신가요?"
"법원 긴급동행영장 발부는 협조적인가요?"
"학교전담경찰관과 학교 사이에 관계는 어떤가요?"

하루만이라도 현장에 나와서 위기청소년과 보호자를 만나보는 것을 추천한다. 학교폭력 예방 업무라고 해서 등·하굣길에 학교 앞에서 학교폭력 예방 문구 피켓을 들고 서있지 않아도 된다. 대신 초, 중, 고등학생 대상 학교폭력 예방 강의 자료를 직접 제작하여 아이들 앞에서, 학부모 앞에서, 교직원 앞에서 예방 강의를 해보는 것도 추천한다. 위기청소년들과의 소통은 조금만 노력하면 된다. 학교전담경찰관 중 생각보다 학생들 앞에서 40분(초), 45분(중), 50분(고)씩 강의하는 것을 어려워하며 다른 부서로 이동하기도 한다.

다음으로 경찰서에 입건된 범죄소년과 이야기를 마친 후 경찰서 선도프로그램 동의를 얻고자 보호자와 통화를 한다. 이 과정에서 보호자들에게 질려버려서 부서를 이동하는 SPO도 있다. 아무리 이성적으로 대화를 시도해 봐도 도무지 소통이 되지 않는 보호자가 분명히 있다. 솔직히 나도 가끔은 벽에 대고 이야기하는 느낌이 받을 때가 있었다.

20대 후반 순경 계급으로 교내 학폭위에 참석하면 초면부터 반말을 하는 학생부장 선생님, 교무부장, 교감, 교장선생님들이 종종 있었다. 학교선생님이라고 해서 모두 그런 것은 아니다. 정말 극소수이다. 나 같은 경우에는 운이 좋게도 최대 20개교를 담당하던 시절에도 담당 학교 선생님들 중에 내가 순경 계급이라고 해서 하대하지 않고 존중해주었다. 실제로 전국에 있는 SPO들 중에서 학교 측과 소통 문제로 마찰이 있는 경우가 종종 있다고 한다. 학교선생님과 학교전담경찰관의 관계는 기 싸움을 하는 그런 관계일 필요가 없다.

'학교전담경찰관'이란 용어부터가 학교만 전담하는 경찰관의 느낌이다. '학교전담경찰관은 학교로 출근해요? 학교에 상주하는 거예요?'라는 질문을 많이 받는다. 또한 지금도 학교에서 발생하는 모든 문제에 대해 개입해야 한다고 주장하는 교직원, 학부모들이 종종 있다. 학교전담경찰관이 학교의 모든 문제에 개입하기 위해 학교에 배치하여 상주해야 한다는 주장도 있다. 2024년 기준 전국 초등학교 수만 해도 6,183개교이다.(출처. KOSIS 한국교육개발원, 교육기본통계) 학교전담경찰관 1명이 한 학교에 하루 종일 상주해 있는 것은 비효율적이라고 생각한다. 학교전담경찰관의 1인 평균 담당 학교 수는 10~12개교이며, 많은 곳은 15개교가 넘기도 한다. 학교전담경찰관은 학교폭력 예방 대책의 일환으로 2012년 도입된 제도로, 학교폭력 예방 및 위기청소년 선도·보호 관련 업무를 한다. 학교전담경찰관의 업무는 아래와 같다.

☐ 학교전담경찰관 업무

- 학교폭력 등 범죄예방 교육
- 학교폭력 상담 신고 117 사안 처리
- 전문가 참여제 (범죄심리사 연계, 면담 및 PAI-A 분석을 통한 재비행가능성 예측)
- 선도심사위원회 (훈방, 즉결심판, 입건 등)
- 경찰서 선도프로그램 (사랑의 교실, 자체 선도프로그램 등)
- 청소년 경찰학교 운영 (학교폭력 예방 및 경찰 직업 체험 교육)

- 우범소년 송치
- 가정법원 위탁보호위원 활동
- 학교 밖 청소년 발굴 및 학교 밖 지원 센터 연계
- 학교폭력 예방 등·하굣길 캠페인
- 학교폭력대책심의위원회 위원 참석
- 폭력서클 발굴·해체
- 청소년 관련 유관기관 협업 특수시책
- 청소년 비행 다발 지역 예방 순찰
- 명예경찰소년소녀단 운영
- 청소년 공동 정책자문단 운영
- 위기청소년(자살우려 청소년, 경제적 위기 청소년 등) 관리
- 사랑의 지우개 사업 연계 (무료 문신 제거 사업, 선정되기 힘듦)
- 교내 교권보호위원회 위원 위촉 후 사안 발생 시 위원회 참석
- 학교폭력 예방 상성협의체 운영
- 회복적 경찰활동 연계
- '청소년 안전망' 연계
- 매년 정량평가 지표, 정성평가를 위한 자체 특수시책

  2015년 9월부터 학교전담경찰관 업무를 하면서 느낀 점은 청소년 관련 사안이 발생할 때마다 그에 맞춰 업무가 가중된다는 점이다. 우리 아이들의 '안전'이 가장 중요한 것은 맞다. 그렇다고 학교마다 학교전담경찰관 1명을 배치하자는 주장은 학교전담경찰관 업무와 역할에 대해 제대로 알아보지도 않고 이야기하는 하는 것이라고 생각한다.

예전부터 생각하고 주장했던 '학교전담경찰관'이라는 용어 대신 위기청소년 전담 경찰관, 소년범 전담 경찰관, 청소년범죄 전담 경찰관 등으로 용어를 바꾼 뒤, 학교폭력 예방 및 위기청소년 선도, 보호라는 학교전담경찰관 본연의 업무에 집중을 했으면 좋겠다. 가장 중요한 아이들의 교내 안전 활동과 학업 향상 측면은 학교, 교육청 측에서 책임을 맡았으면 한다.

학교전담경찰관은 학교폭력 가·피해 학생 등 위기청소년, 학교선생님, 위기청소년의 보호자, 교육청 장학사, 청소년상담복지센터, 중독관리통합지원센터, 보건소, 청소년수련관, 청소년쉼터, 학교 밖 청소년 지원센터, 선도프로그램 외부 강사 초빙, 회복적 경찰활동 등 청소년 관련 기관에 주로 연계 활동을 한다. 이때 만나는 전문상담사, 학교폭력 상담 117센터 등 학교폭력 예방 및 위기청소년 선도·보호 업무 관련해서 축구 경기의 미드필더처럼 중간에서 도움을 주고받기 쉽게 연계를 잘해주어야 한다.

그렇기 때문에 처음에 언급했던 학교폭력 등 청소년 범죄 사안에 대해 학교전담경찰관의 초기 개입 여부 정도에 따라 부모와 자녀 간의 관계, 또래 간의 관계, 보복 행위 등 재범발생가능성 감소에 큰 영향을 끼칠 수 있다고 자신 있게 말하는 것이다.

마지막으로 그 누구보다 학교폭력 등 청소년 범죄가 사라져서 학교전담경찰관 제도도 하루 빨리 사라졌으면 하는 바람이다.

'학교전담경찰관은 미드필더다.'

원래 초창기 축구에서 필드플레이어는 공격수와 수비수로만 구성되었다고 한다. 1960년대 현대 축구가 본격화되고 미드필더를 구분하게 되면서부터 현대의 공격수, 미드필더, 수비수라는 현대적인 포지션 구조가 정착되었다. 축구에서 미드필더 포지션은 반드시 필요하다. 현재 시점에서 학교전담경찰관도 반드시 필요하다고 생각한다. 하지만 학교전담경찰관은 학교폭력 등 청소년 범죄와 함께 사라지길 바라는 마음으로 오늘도 학교전담경찰관으로서 학교폭력 예방과 위기청소년 선도·보호 업무에 최선을 다할 것이다.

> 아고 저희가 늘 감사하죠
> 자주 이런 시간이 있으면
> 좋을것 같습니다
> 아이들도 넘 좋아하고
> 뜻깊고 좋은 활동을 수련관에서
> 진행해 주셔서 너무 좋았습니다~~

에필로그

　한 문장 한 문장 꾸준히 적으면서 '과연 이 책을 얼마나 많은 학부모님들이 읽어줄까?'라는 생각을 많이 했다. 서두에도 언급했지만 서점에 가서 '학교폭력'을 검색하면 관련 전문 서적이 많이 나온다. 이 책은 전문 서적도 아니고, 자녀 교육의 내용도 아니다. 자녀 교육보다는 부모 교육에 가깝다. 이 책 한권으로 부모님들을 교육하기에는 한없이 부족하다. 하지만 그저 학교전담경찰관으로서 수년 간 많은 위기청소년과 그 보호자들을 만나며 느낀 점들을 쉽게 풀어내어 '아이들은 죄가 없다.'라는 메시지를 전달하고 싶은 마음으로 쓰기 시작했다.

　내가 만난 보호자들 중 현재 자신의 불행한 삶을 '못난 내 탓'을 하기 보다는 '자녀 탓'으로 돌리는 경우가 종종 있었다. 그런 말을 들을 때마다 내 속은 부글부글 끓었다. '제발 좀 그만하세요. 이제 와서 아이 탓이라뇨. 기억이 잘 나지 않으시겠지만 거슬러 올라가보세요. 자녀가 어머님 뱃속에서 태어날 때부터 '문제아'였나요? 아니면 세상에 단 하나 뿐인 내 분신이자 나의 소중한 아이였나요?' 물론 현재 부정적인 상황에서는 그 당시에도 임신 했을 때의 불편함, 출산 당시의 고통 등 나쁜 기억들 위주로 떠오를 것이다.

　분명히 말할 수 있다. 부모로서 자녀가 태어나는 그 순간부터 자녀를 미워할 수 없고, 보기 싫어할 수도 없을 것이라고. 부모 자신이 처한 어려운 상황에서 어떻게든 자기 자식만큼은 지키고 보호하려고 할 것이다. 우리 인간들 뿐 아니라 동물들도 제 새끼는 어떻게든 지키려고 한다.

긴 시간 동안 내가 느낀 점들을 책으로 쓰면서 가끔은 '동물들이 말만 못하지 가끔은 인간 보다 나을 때가 있다. 아니 많다'는 생각을 했다. 대한민국 모든 보호자가 그렇다는 것이 아니다. 학교전담경찰관 업무를 하며 만난 극소수의 보호자들에 대한 이야기들이다. 부디 이 책을 한 장씩 넘기면서 '요즘 세상에 대체 이런 학부모가 어디에 있어?'라고 생각하며, 독자를 포함하여 독자의 주변 지인들도 이런 학부모가 아니길 간절히 바란다.

분명히 이 책을 읽는 독자마다 느끼는 점들이 확연히 다를 것이다. 곧 초등학교 입학 예정인 자녀를 둔 예비학부모들이 보기에는 '생각보다 심각한 현실이네. 나는 이 책에 나오는 학부모의 모습을 보이지 않아야지!'라며 굳게 다짐을 할 수 있다. 또한, 이미 초등학교를 졸업하고 중, 고등학생 자녀를 둔 학부모들 중에는 '에이, 이 정도 경미한 사안들 가지고 학교폭력이네, 청소년 범죄네 호들갑이네, 호기심 많은 10대 청소년들이니까 실수도 하고 사고도 치는 거지, 표현이 좀 과하네.'라며 코웃음 치는 학부모들도 있을 수 있다. 책 내용에 대해서는 코웃음 치되, 자녀가 고등학교를 졸업하는 그 순간까지 학교폭력 가·피해 학생에 연루되지 않기를 진심으로 바란다.

학창시절에는 예비교사가 꿈이었고, 20대 중반에 경찰공무원 공채 시험을 준비하다가 학교전담경찰관 경력경쟁채용 1기로 입직하였다. 어느덧 30대 후반을 바라보는 나이가 되었다. 아이들과 부대끼는 것을 좋아하여 근 10년 간 학교전담경찰관으로서 정말 다양한 경험들을 했다. 학교전담경찰관을 하지 않았더라면 지금쯤 무엇을 하고 있을지 상상이 되지 않는다. 조직 내부 인사 지침 상의 이유로 현재 학교전담경찰관 업무를 하고 있지 않다. 하지만 가정법원 위탁보호위원 활동을 하며 아이들과의 소통을 꾸준히 이어가고 있다.

2025년 3월이면 초등학교 1학년 자녀를 둔 학부모가 된다. 아들이 초등학교 입학할 때에는 꼭 '학교폭력'이라는 용어 자체가 사라진 사회를 만들고 싶었다. 용어가 사라지기는커녕 학교폭력 등 청소년 범죄는 점점 지능화 되고 있다. 예전만큼 10대 청소년들의 순수함을 찾아보기 어려워지고 있는 현실이다.

청소년들은 자극적인 것에 흥미를 느끼고 그대로 따라하는 모방범죄, 집단으로 조직화된 범죄가 증가하고 있다. 청소년 범죄가 점차 성인 범죄와 뚜렷한 차이가 없어지고 있다는 점도 심각한 사회 문제이다. 이 부분에서 늘 청소년들을 '문제아', '괴물' 취급하며, '범죄소년 대상 형사처벌을 강하게 해야 한다.', '촉법소년 대상 연령 하향화 추진 문제 시급' 등 각 언론사 매체는 청소년의 문제로만 집중 조명하고 있다.

거듭 강조하지만 '아이들은 죄가 없다.' 적어도 내가 만났던 아이들은 진짜 괴물이 아니었다. 아이들 주변에 괴물들이 있었다. 아이들은 어렸을 때부터 각종 아동학대 피해, 방임 등에 노출되어 순수함을 잃어 갔으며, 겁도 사라지게 된 것이다. 이런 안타까운 아이들을 보며 우리 어른들은 눈살을 찌푸린다. '요즘 것들 정말 버릇없다.'라며.

그런데 '요즘 것들'의 부모 등 주 양육자와 대화를 나눠보면 '요즘 것들' 보다 주 양육자의 언행은 더 가관이다. 그 보호자들과 대면하여 이야기를 나누거나 통화를 해보면 '요즘 것들'이 어떻게 만들어졌는지 읽을 수 있다. 아이들은 버릇이 없고, 예의가 없는 것이 아니라 가정 내에서 버릇과 예의조차 배우지 못한 것이다.

이 책을 여기까지 읽어줬다면 지금부터라도 아이들에게 삿대질하며 욕하지 않길 바란다. 정 욕을 하고 싶다면, 기본적인 예의, 습관조차 제대로 알려주지 않은 그 보호자를 욕해야 한다. 어차피 그러한 보호자라면 이 책은 거들떠보지도 않을 것이기에 이렇게 힘주어 이야기를 한다.

학교전담경찰관 업무를 하며 정말 많은 것을 배웠다. 어른으로서 부모로서 앞으로 어떻게 해야 할지 정확한 가치관과 기준을 세우게 되었다. 앞으로도 좋은 남편, 좋은 아빠, 좋은 어른, 좋은 학교전담경찰관이 되고자 초심을 다잡아 본다.

마지막으로 좋은 학교전담경찰관이 된다는 말은 취소다. 하루 빨리 '학교폭력'이 영원히 사라짐과 동시에 '학교전담경찰관'도 함께 사라졌으면 좋겠다. 당장 오늘이라도 좋다!

정말 마지막으로 한마디만 더 한다.

'아이들은 죄가 없습니다.'

곧 출간될 《아이들은 죄가 없습니다》책을 마무리하신다고해서 학창 시절 형님과의 기억을 떠올려 봤습니다. 형님께서 학교전담경찰관으로 계실 때, 저는 그저 제 일상 속의 한 어른이라고만 생각했었는데, 돌이켜보니 참 많은 걸 배우고 느꼈던 것 같습니다.

특히 기억에 남는 순간이 있습니다. 중학교 때 친구들과 어울리다가 한 번 불려갔던 적이 있었죠. 형님께서 "네가 아무리 이유가 있다고 생각해도, 남들이 보면 그냥 '그런 애'로 낙인찍힐 수 있다. 그러고 싶진 않잖아?" 라고 말씀해 주셨던 게 아직도 마음에 남아 있습니다.

그때는 그 말의 무게를 다 이해하지 못했지만, 사회에 나와보니 그 의미를 점점 더 깨닫게 됩니다. 형님처럼 우리의 이야기를 진심으로 들어주고, 한마디라도 따뜻하게 건네 주는 어른이 있다는 것이 얼마나 중요한 일인지요. 만약 학창 시절 저희 곁에 형님 같은 분들이 더 많았다면, 우리 중 몇몇은 전혀 다른 길을 걸을 수도 있지 않았을까 하는 생각도 듭니다.

형님께 감사하다는 말을 꼭 전하고 싶습니다. 그리고 앞으로도 형님 같은 어른들이 더 많아질 수 있도록, 저도 제 자리에서 할 수 있는 일을 고민해보겠습니다. 항상 건강하시고, 한번 찾아뵙겠습니다.

감사합니다!! 😊

중학교에 처음으로 최승호 경찰관님을 만났고 방황하던 시절에 도움을 주기위해 교육을 진행했었고 좋은 선생님과 함께 옳바른 길로 갈 수 있게 도와주셨고 짧은 인생중 터닝 포인트가 되었던 것 같습니다. 이 사람의 잘못으로 인해 편견을 가지고 보는 것이 아니라 다른 사람과 평등한 위치에서 저희를 신경 써 주셨습니다. 그러다 보니 제 자신도 나에게 솔직해 질 수 있었고 결국엔 좋은 사람으로 다시 태어나 지금 성실히 대학교 다니며 여름엔 인명구조요원으로 활동도 하고 있습니다. 너무나 감사하고 뜻 깊었습니다.

만약 이 책을 읽으시는 여러분들 잘못된, 실수된 행동들은 누구나 다 합니다. 그것에 대해 사실적이고 받아들이며 나의 죄를 뉘우칠 수 있는 것 또한 능력입니다. 방황이 죄가 아닙니다. 아직 어려서 그런 것 뿐입니다. 세상은 넓고 경험을 할 수 있는 시간은 충분합니다. 누군가에게 도움을 받고 구함을 당하는건 창피 한 것이 아닙니다. 누구나 다 그렇듯 저 또한 그랬습니다. 여러분들이 느끼는 세상에선 누군가에게 도움을 요청 해보신 적 있으시나요? 부끄럼 없이 당당하게 요청해봐요. 결국엔 내가 원하는 답을 찾을 수 있습니다. 걱정마세요.

방황하는 아이들을 붙잡을 수 있는 최고의 방법은 '관심' 인것같아요 저도 방황 하던 시절이 있었지만 부모님과 최승호경찰관님께서 포기하지 않고 붙잡아주셔서 지금도 너무 감사하게 생각하고 있어요
대한민국 모든 학부모님들! 혹여나 아이들의 비행이 의심된다면 그건...음 많이 힘든거일 수도 있어요 그냥 다그치지도 말고 토닥여주세요.. 따뜻하게